PASTORALE 2

Handreichung für den pastoralen Dienst

Die Lebensalter

Pastorale 2 · Handreichung für den pastoralen Dienst

Herausgegeben von der Konferenz der deutschsprachigen Pastoraltheologen

Die Lebensalter

Autor: FRANZ PÖGGELER

MATTHIAS-GRÜNEWALD-VERLAG · MAINZ

Für das Pastorale sind zwölf Faszikel geplant. Sieben Faszikel sind bereits erschienen: Die Heilssendung der Kirche in der Gegenwart (Einleitungsfaszikel); Die Gemeinde; Buße und Bußsakrament in der heutigen Kirche; Verkündigung; Eingliederung in die Kirche; Dienst am geistlichen Leben; Leben des Christen in der Welt. Die übrigen Faszikel erscheinen 1973.

ISBN 3 7867 0401 5
Umschlaggestaltung: Dieter Gielnik, Mainz
Gesamtherstellung:
Fränkische Gesellschaftsdruckerei GmbH, Würzburg

VORWORT FÜR DAS PASTORALE 2

»Die Konferenz der deutschsprachigen Pastoraltheologen hat das Ziel, die wissenschaftliche Forschung auf dem Gebiet der Pastoraltheologie zu fördern, Fragen der pastoraltheologischen Bildung der Theologiestudenten und der Priester zu klären, Methoden einer zeitgemäßen Seelsorge zu erarbeiten, entsprechende Publikationen herauszugeben, der gegenseitigen Information und Kontaktaufnahme zu dienen sowie eine Koordination verschiedener pastoraltheologischer Bemühungen zu erstreben« (Satzung der Konferenz, § 1). Diesem Ziel weiß sich die Konferenz der deutschsprachigen Pastoraltheologen und ihr Beirat verpflichtet, wenn sie mit den sechs geplanten Faszikeln des Pastorale 2 zu Fragen der pastoraltheologischen Bildung und Methoden einer zeitgemäßen Seelsorge Stellung nehmen. Zwar zeichnen die einzelnen Autoren bzw. Autorengruppen für den von ihnen veröffentlichten Text verantwortlich. Dieser Text ist aber entstanden in enger Zusammenarbeit mit dem Beirat der Konferenz der deutschsprachigen Pastoraltheologen, der als Herausgeber der neuen Reihe überzeugt ist, daß der vorliegende und die folgenden Faszikel ein wichtiger Beitrag zur Diskussion pastoraltheologischer Fragen in den Gemeinden und bei den Priestern in den Ländern des deutschsprachigen Raumes sind. Wir hoffen, daß die in Pastorale 2 vorgeschlagenen Richtungen und Lösungen mit dazu beitragen können, schwierige Fragen in der heutigen Kirche unserer Länder einer Lösung näherzuführen und das christliche Zeugnis unserer Gemeinden und der einzelnen Christen in unserer Welt und Gesellschaft zu fördern.

In Österreich, in der Schweiz und in der Bundesrepublik Deutschland finden Synoden bzw. synodale Vorgänge statt. Dort werden u. a. auch jene Themen behandelt, die in dem vorliegenden und in den folgenden Faszikeln von Pastorale 2 besprochen werden. Die Konferenz der deutsch-

sprachigen Pastoraltheologen möchte damit einen Beitrag zur Diskussion solcher Fragen in Diözesan-, Regional- und Landessynoden leisten.
Dazu ermutigt uns der Versuch, der mit den sechs Faszikeln des Pastorale 1 gemacht wurde. Diese fanden weite Verbreitung bei den Priestern unserer Länder und in den Gemeinden; sie haben den Austausch und das Gespräch gefördert zwischen Pastoraltheologen und der Deutschen Bischofskonferenz, die den Auftrag zur Herausgabe des Pastorale 1 gegeben hatte und bei seiner Veröffentlichung mitwirkte. Diese Zusammenarbeit mit der Deutschen Bischofskonferenz für das Pastorale wird nun auf Wunsch des Beirates abgelöst durch die Zusammenarbeit des Beirates und der Pastoraltheologen auf den Synoden ihrer Länder. Hier findet ein unmittelbarer Austausch statt, der bei der Planung des Pastorale 1 noch nicht möglich war. Auch die Zusammenarbeit in den jeweiligen Pastoralkommissionen der Bischofskonferenzen oder vergleichbaren Institutionen der einzelnen Länder hat sich gut entwickelt. Von daher ist es zu rechtfertigen, daß die folgenden sechs Faszikel nun in schneller Abfolge unter der Verantwortung des Beirates der Konferenz der deutschsprachigen Pastoraltheologen erscheinen, um so in dieser Phase für die synodalen Vorgänge in unseren Ländern eine Hilfe zu sein.
Im Namen des Beirates dankt die Leitung der Konferenz der deutschsprachigen Pastoraltheologen allen Mitarbeiterinnen und Mitarbeitern der einzelnen Faszikel, ohne deren Einsatz und Mitarbeit es nicht möglich gewesen wäre, diese – wie wir hoffen – hilfreichen Anregungen in unseren Gemeinden zu geben.

Frankfurt, den 15. November 1972

Prof. Dr. Ludwig Bertsch SJ
Leiter der Konferenz
der deutschsprachigen Pastoraltheologen

INHALT

1. ZUR LEBENSALTER-FORSCHUNG

In verschiedenen Wissenschaften sind Erkenntnisse zur Funktion und Bedeutung der menschlichen Lebensalter erarbeitet worden. Richtet man sich in der Seelsorge nach diesen Erkenntnissen, so ergibt sich ein neues »Bild« von den Voraussetzungen und Ansatzmöglichkeiten pastoralen Handelns. Es muß davon ausgegangen werden, daß die Ergebnisse der Lebensalter-Forschung – obgleich immerhin schon seit mindestens fünf Jahrzehnten betrieben – der Seelsorgepraxis bisher noch nicht hinreichend zunutze gemacht worden sind. Natürlich ist der Aspekt der Lebensalter nur einer unter anderen Aspekten, die die Seelsorge zu berücksichtigen hat.

Auf jeden Fall kann die Seelsorge, bedient sie sich der Einsichten der Lebensalter-Forschung, an manchen Stellen *konkreter* und *realistischer* werden. Zugleich erhält sie die Chance, den Adressaten seelsorglichen Wirkens in deren alterstypischer Situation mehr als bisher gerecht zu werden. Die Lebensalter kennen und beachten heißt zugleich, das menschliche Leben *differenzierter* zu sehen.

Die Lebensalter-Forschung[1] umfaßt zunächst die Entwicklungspsychologie, die darüber informiert, daß Entwick-

---

[1] Einige exemplarische Werke seien hier genannt: J. Goldbrunner, Realisation, Freiburg 1966; R. Guardini, Die Lebensalter, Würzburg o. J.; J. Jakobi, Der Weg der Individuation, Zürich 1965; R. Ehrenberg, Der Lebenslauf, Heidelberg 1946; H. E. Lauer, Der menschliche Lebenslauf, Freiburg 1962; Ch. Bühler, Der menschliche Lebenslauf als psychologisches Problem, Leipzig 1933; H. v. d. Gablentz, Die Lebensalter und das menschliche Leben in Tiergestalt, Berlin 1938; G. Schulz, Die Problematik der Lebensalter – Thema und Aufgabe der Erwachsenenbildung, Stuttgart 1962; K. Friederichs, Lebensdauer, Altern und Tod, Frankfurt 1959; H. Künkel, Die Lebensalter, Konstanz ²1957; E. Michel, Der Prozeß Gesellschaft contra Person, Stuttgart 1959; F. Pöggeler, Der Mensch in Mündigkeit und Reife — Eine Anthropologie des Erwachsenen, Paderborn ²1970; J. Thomas, Lebensdauer und Glaubensstufen, Graz 1963.

lung ein lebenslanges Phänomen ist und daß es nicht nur Phasen des Kind- und Jungseins gibt (wie oft angenommen), sondern daß auch das Erwachsensein und das Alter in Phasen gegliedert werden kann. Sodann kommen medizinische Aussagen hinzu; vor allem der Lebenslauf in der zweiten Lebenshälfte ist am intensivsten von der Medizin erforscht worden. Diese hat (freilich in Kooperation mit der Psychologie) eine eigene Alterswissenschaft (Gerontologie und Geriatrie)[2] installiert.
Zu den Fakten, die die Lebensabschnitte des Menschen bestimmen, gehören auch – was gelegentlich unbeachtet bleibt – die phasenspezifischen Werte und Haltungen. Um deren Verdeutlichung hat sich vor allem die Bildungsanthropologie bemüht. – Überhaupt werden die hier zu referierenden Erkenntnisse immer auf ihre anthropologische Relevanz zu prüfen sein.
Neuartig im Bereich der Seelsorgepraxis ist nicht so sehr das Wissen um Kindheit und Jugend als um das Erwachsensein und das Alter. Die folgenden Überlegungen gehen von der Voraussetzung aus, daß hierüber besonders gründlich informiert werden muß und daß im Bereich der Seelsorge für erwachsene und alte Menschen Änderungen dringlich sind.

---

[2] Wichtige Literaturangaben bei F. Pöggeler, aaO. 100 ff und 188 ff, ferner laufende Beiträge in der »Zeitschrift für Altersforschung« (seit 1939).

2. DIE EINZELNEN ENTWICKLUNGSPHASEN IN IHRER PASTORALEN RELEVANZ

Selbst wenn man die *pauschale* Seelsorge für nötig hält und sich vom Ansprechen der Menschen in ihrer Alters*mischung* mehr verspricht als von einer phasenspezifischen Seelsorge, wird man doch beachten müssen, daß eine und die gleiche seelsorgliche Intention bzw. Maßnahme, ein und derselbe Stil pastoralen Handelns und Verhaltens auf die Menschen in den verschiedenen Entwicklungsphasen sehr verschiedenartig *einwirkt*. Die Frage nach der Einwirkung, nach dem »Ankommen« der Frohbotschaft, ist vor allem dazu geeignet, daß der einzelne Seelsorger begreift, wie sehr auch er selbst an die Sprech-, Denk- und Erlebnisweisen einer bestimmten Altersphase gebunden ist.

Möglichkeiten und Grenzen pastoralen Handelns sind dadurch in stärkerem Maße determiniert, als den meisten Seelsorgern bewußt ist.

Zumindest in der *Individual*seelsorge sollten die im folgenden aufzuzeigenden pastoralen Bezüge der Lebensalter unmittelbar berücksichtigt werden. Den Menschen ernst nehmen, heißt auch, ihn nicht nur als Angehörigen eines bestimmten Berufes, einer bestimmten Gesellschaftsschicht oder eines Milieus zu akzeptieren, sondern auch als Mensch in einem bestimmten Lebensalter, dessen Chancen auszuschöpfen er berechtigt ist.

2.1 *Kindheit*

Eine rein entwicklungspsychologische Sicht der Kindheit macht verschiedene Periodisierungen möglich. So unterscheidet z. B. A. Busemann[3] »frühe Kindheit« (bis 5 Jahre),

[3] A. Busemann, Kindheit und Reifezeit, Frankfurt 1965.

»mittlere Kindheit« (6 bis 8 Jahre) und »reife Kindheit« (9 bis 11 Jahre); danach folgt dann die »Reifezeit« von 12 bis 18 Jahren, die »Jünglingszeit« von 18 bis 24 Jahren. Ch. Bühler ordnet die Entwicklungsphasen nach dem Gegenstandsbezug:

1. Phase (1. Lebensjahr): Hinwendung zum Objektiven,
2. Phase (2. bis 4. Lebensjahr): Subjektivierung (Zeit der Deutungsspiele),
3. Phase (5. bis 8. Lebensjahr): Sach-realistischer Erlebnisbezug,
4. Phase (9. bis 13. Lebensjahr): Höhepunkt des sachlich-realistischen Erlebens.

Die 5. Phase der menschlichen Entwicklung (14. bis 19. Lebensjahr) bezeichnet Ch. Bühler als »Negative« bzw. Flegelalter mit »extremem Subjektivismus«.

W. Hansen[4] datiert die »Frühphase« der Kindheit bis zum 3./4. Jahr, die »Hauptphase« bis zum 12./13. Jahr. In der Frühphase ist das Kind nach Ansicht Hansens zwar gegenstandsbezogen, doch ohne nach der Objektivität zu fragen; es sieht die Gegenstände ichbezogen. Die Hauptphase dagegen ist durch »Wirklichkeitsgerichtetheit« gekennzeichnet; das Kind erkennt, daß die »Welt« ichunabhängig existiert und ein Objekt darstellt.[5]

Einig ist sich die Entwicklungspsychologie hinsichtlich der Faktizität von zwei »Trotzperioden« innerhalb der Kindheit. »Klassische Trotzperiode« ist nach Meinung von W. Schraml die Vorpubertät (11. bis 12. Lebensjahr). Als »erste Trotzperiode« gilt das 3./4. Lebensjahr. Beiden Trotzperioden ist eigen, daß das Kind hier in Erprobung der Auswirkung seiner Willensimpulse auf andere Menschen den Vorrang seines Eigenwillens zu behaupten versucht. Die im Trotz vernehmbaren kindlichen Aussagen geben oft das gerade Gegenteil dessen wieder, was das Kind wirklich fühlt und denkt; aber der Gegensatz wird

---

[4] W. Hansen, Die Entwicklung des kindlichen Weltbildes, München [6]1965.

[5] Nähere, kurze Beschreibung der Phasentheorien bei W. Hansen, Entwicklungsstufen, in: Lexikon der Pädagogik I, Freiburg 1952, 936 ff; U. Lehr, Entwicklungsstufen, in: Lexikon der Pädagogik, Freiburg 1970, 364 f.

gleichsam als Willensprobe gewagt. Diesen entwicklungsmäßig nötigen und berechtigten Trotz als willentlichen Ungehorsam abzuqualifizieren, wäre pädagogisch unklug. Das gilt übrigens auch für den »Gegen-Satz« in Fragen der Wahrheit: Ein Kind sagt oft das Gegenteil der objektiven Wahrheit, ohne aber tatsächlich zu lügen.
Schon hier mag erkennbar werden, wie unerläßlich es für Erziehung *und* Seelsorge ist, gegenüber dem Kinde dessen Subjektivität und Entwicklungszustand anzuerkennen.
Es fragt sich, ob und inwiefern die Entwicklungsphasen der Kindheit in Erziehung und Seelsorge angemessen berücksichtigt werden. Sicher ist, daß unsere in Deutschland übliche Periodisierung der Schulstufen bisher auf den entwicklungspsychologischen Befund keine Rücksicht genommen hat. Abschnitte der Erziehung (auch der schulischen, auch der religiösen) sollten mit den Entwicklungsstufen möglichst synchron verlaufen. In außerdeutschen Ländern ist das weitgehend erreicht worden (so z. B. die Grundschuldauer bis zum 11. statt bis zum 10. Lebensjahr).
Auch für Seelsorge und religiöse Erziehung ist wichtig zu wissen, ob eine Entwicklungsphase der Kindheit insgesamt mehr positiv oder mehr negativ gestimmt ist; daß das Kind in Trotzphasen trotzig ist und bestimmte Bitten und Gebote der Erwachsenen mit Negation kommentiert, ist nicht Schuld des Kindes, sondern eine Konsequenz der Entwicklung. Das in einer positiven Phase gesagte »Nein« besitzt schwereres Gewicht als z. B. das voreilige »Nein« eines 11- oder 12jährigen zu bestimmten religiösen Auffassungen, die ihm vermittelt werden. Würden sich Erzieher und Seelsorger allein nach den jeweiligen Wünschen und subjektiven Interessen der Edukanden richten, so würden sie im Grund gegen deren »besseres Selbst« verfahren. In den Trotzphasen erwartet das Kind keineswegs, daß der Erwachsene stets nachgibt, sondern daß er Widerstand bietet und sich kontrapunktisch verhält.
Was für die rechte edukative und pastorale Behandlung der Trotzperioden in der Kindheit gilt, nämlich daß eine genaue Kenntnis der psychologischen Fakten und Zusammenhänge dem Trotz des Kindes das Odium des Gefährlichen nimmt, darf auch hinsichtlich der *sexuellen Entwick-*

lung behauptet werden. Diese beginnt ja nicht erst in der Pubertät, sondern mit dem Tage der Geburt. Je früher sich Erzieher und Seelsorger im Entwicklungsgang des Kindes die Forderung der Sexualität zur Aufgabe machen, um so weniger kann es in Vorpubertät und Pubertät zu Problem-Stauungen kommen, auch nicht zu explosiven Entladungen derselben.

Je rechtzeitiger und je selbstverständlicher ein Kind die menschliche Geschlechtlichkeit – auch hinsichtlich der Geschlechterverschiedenheit – unter edukativer und pastoraler Anleitung erfährt, um so weniger Schwierigkeiten entstehen für die Sexualerziehung in Grundschulalter und Reifezeit. Das Kleinkind verfügt noch über ein völlig unbefangenes Verhältnis zu seiner eigenen Sexualität wie auch zu derjenigen seiner Mitmenschen. So ist es heute z. B. ein vom Gros der Eltern unbestrittener Verhaltensmodus, Kleinkinder (auch Jungen und Mädchen gemeinsam) zu baden und zu waschen, ohne daß sie bekleidet sind. Es wäre pastoral und pädagogisch unklug, zu einem relativ frühen, dazu noch bestimmten Zeitpunkt eine Trennung der Geschlechter bei hygienischen Vorgängen zu fordern, so wie es frühere Moral-Handbücher getan haben. Die Frage, bis zu welchem Lebensjahr dieser Verhaltensmodus, der auch seine informative Funktion für das einzelne Kleinkind mit sich bringt, beibehalten werden kann, sollte nicht generell fixiert, sondern von der Entfaltung eines natürlichen Schamgefühls der Kinder abhängig gemacht werden. Auch in einer betont christlichen, freilich modernen familialen Sexualerziehung macht man immer wieder die Erfahrung, daß sich der Zeitpunkt der Geschlechtertrennung von selbst ergibt, beim einen Kinde früher, beim anderen später.

Grundlegende Informationen über Schwangerschaft und Geburt erfährt das Kind heute auch schon im Kleinkindalter, und zwar dadurch, daß ein weiteres Kind von der ganzen Familie erwartet und mit der Geburt in die Familiengemeinschaft aufgenommen wird. Das Kleinkind horcht am Bauch der schwangeren Mutter die Herztöne des heranwachsenden Kindes ab; nach der Geburt erklärt die Mutter dem Kinde den Geburtsvorgang entsprechend den altersgemäßen Verständnisdimensionen, und das Kind sieht, wie das neue Geschwisterteil an der Brust der Mutter genährt wird. Lernt das Kind schon relativ früh unter diesem Aspekt den fraulichen Körper kennen, so erübrigen sich manche späteren Zeitpunkten vorbehaltene Sonder-Aufklärungen, die mitunter nicht recht motiviert sind.

Manchen Fehler machen Eltern und auch Seelsorger bei der Beurteilung der spätestens im 4. Lebensjahr üblichen *»Doktorspiele«*, die eine eindeutig informative Funktion haben und – trotz der damit verbundenen Manipulationen an den Sexualorganen – nicht vorschnell als unsittlich denunziert werden dürfen.

Auch wenn man als Erzieher oder Seelsorger die Ansichten Siegmund Freuds zur frühkindlichen Sexualentwicklung nicht bejahen möchte, muß man sie heute kennen. Nach Freud tendiert das Kleinkind in einer (»oralen«) 1. Phase (1. Lebensjahr) im Lutschen und Saugen nach einem mundzentrierten Lustgewinn; nach der 2. Phase (2./3. Lebensjahr), auch »anale Phase« genannt, kommt es spätestens in der 3., der »genitalen«, Phase im Kinde zu Vorstellungen von Sexualität mittels des gegengeschlechtlichen Elternteils. Neugier und Lustverhalten sollen nach Freud gerade in der frühen Kindheit voll entfaltet werden, damit später nicht Neurosen aufkommen können, die das Sexualverhalten zur Zeit der Pubertät und der Mündigkeit stören. Das Neugierinteresse des Kleinkindes an Bau und Funktion der Genitalien ist nach Ansicht der vorherrschenden Meinung heutiger Entwicklungspsychologie ein primär »technisches«.

Die Pastoral hat heute von der (vielleicht in mancher Weise unangenehmen) Tatsache auszugehen, daß sowohl Sexualpädagogen als auch Entwicklungspsychologen mehrheitlich davon abraten, bei der Sexualerziehung in früher und späterer Kindheit kasuistische Moralnormen zur Geltung zu bringen, etwa die traditonelle Forderung, daß der Mensch von früher Kindheit an lernen muß, Genitalien (seien es primäre oder sekundäre Merkmale) weder »ohne Grund« zu berühren noch zu betrachten.

Wie die Sprache, die Gesellungsfähigkeit und manche an-

dere menschliche Fähigkeit, entwickelt sich auch die Sexualität in Stufen und Graden, ist also nicht von einem bestimmten Zeitpunkt (etwa von der Pubertät an) »da« und vorher nicht erörterungswürdig.
Die Anthropologie der Kindheit darf sich aber nicht mit dem rein entwicklungspsychologischen Befund begnügen. Die Position des Kindes in unserer Gesellschaft läßt sich wie folgt skizzieren: Das Kind gilt heute nicht mehr als »natürliches« Glied in der Kette der sich fortzeugenden Geschlechter; es wird überhaupt nicht wie ein »Naturereignis« entgegengenommen, sondern als »Wunschkind« – mehr nach den Gesetzen rationaler Familienplanung als emotionaler Liebesbeweise. Die industrielle Leistungsgesellschaft hat den Erwachsenen an eine »generative Disziplin« gewöhnt, für die Geburtenregelung und antikonzeptionelle Medien (Ovulationshemmer u. a.) alltäglich geworden sind. Mit dieser Gegebenheit muß auch und gerade eine christliche Erziehung und Seelsorge rechnen, ferner damit, daß soziale Sicherheit und Wohlstand der Ehe bzw. Familie gegenüber der Kinderzahl vorrangig sind.
In einer stark technisierten, rational orientierten und utilitaristisch empfindenden Leistungs- und Wohlstandsgesellschaft wird das Kind weithin als Provokation, als »Verkehrshindernis«, als Unsicherheitsfaktor betrachtet, weil es vorwiegend aus irrationalen Kräften lebt, die nur schlecht in das rationale Kalkül unserer Gesellschaft einzupassen sind.
Nur mit äußersten Schutzmaßnahmen ist es heute möglich, die Existenz und die Betätigung des Kindes in unserer technisierten Massengesellschaft zu sichern. Im Grunde ist diese Gesellschaft auf ein Maß an Disziplin und Rationalität geeicht, das nur Erwachsene aufzubringen vermögen, nicht aber bereits Kinder. Spiel und Traum als dominante Lebenselemente des Kindes sind der Verfaßtheit unserer Gesellschaft fremd und unerwünscht. Es ist zu hoffen, daß eine zukünftige Freizeitgesellschaft im Zuge einer Aufwertung von Muße, Spiel und anderen irrational motivierten Lebenskräften auch mehr Verständnis für das Kind gewinnt.

Die Neigung des Kindes zur Irrationalität – bei allem Interesse am Sachbezug, der aber viele Kennzeichen des Animismus und der Anthropomorphismus trägt – darf als ein wichtiger Ansatzpunkt für die religiöse Erziehung und Unterweisung genommen werden. Phänomene wie Gott und Engel, Himmel und Hölle adaptiert das Kind freilich in Verständnisdimensionen überrationaler Art, die der Erwachsene mitunter deshalb nicht wünscht, weil er befürchtet, die »Wirklichkeit« des Glaubens werde dann auf eine Märchen- und Traumebene verlagert. Für das Kind sind Traum und Märchen ebenso »wirklich« wie die Grundphänomene der Religion. Diese psychologische Motivation muß in der religiösen Erziehung und Unterweisung als Faktum registriert werden.[6]

Wie ist nun eine besondere Glaubensunterweisung und Seelsorge für Kinder zu legitimieren? In Zukunft sollte nicht länger versucht werden, religiöse Vorstellungen und Verhaltensweisen der Erwachsenen »kindgemäß« zu machen – in Art einer »Vereinfachung«, die sehr problematisch ist. Vielmehr ist von den spezifisch religiösen Erlebniskräften und Verständnisdimensionen des Kindes auszugehen; schon wegen seiner Feinfühligkeit für Irrationales, Emotionales ist das Kind für die Realität der Religion zu interessieren, und das um so mehr, als es in unverbrauchter Erlebnisfähigkeit unvoreingenommen ist. Das Kind sucht schon früh die »Dinge« seiner Umwelt und in zunehmendem Maße auch die der objektiven Welt zu sichten, zu ordnen und zu beurteilen, wobei das »Höher« und »Tiefer«, das »Oben« und »Unten«, das »Größer« und »Schwächer« eine wichtige Rolle spielt. Das Kind sehnt sich nach einer letztgültigen Instanz, die alles leitet und mit Sinn begabt.

Wenn schon die Eingewöhnung des Kindes in die Gesellschaft als ein wichtiges Ziel der Kindheit angesehen wird, ist auch die Eingewöhnung in die Glaubens- und Gesinnungsgemeinschaften berechtigt. Die Kirche braucht deshalb nicht erst einen Rechtstitel beim Staat oder einer an-

---

[6] Ausgiebige Auskunft über die religiösen Vorstellungen der Kindheit gibt T. Thun, Die Religion des Kindes, Stuttgart o. J.

deren Instanz zu erbitten. Kirche erlebt das Kind vor allem dann, wenn diese im Kontakt zu seinen Eltern, seinen Geschwistern und der übrigen Familie lebendig ist. Insofern ist das Sich-einleben in die Kirche etwas für das Kind völlig Natürliches. Religiöse Unterweisung und religiöses Leben brauchen keineswegs erst dann zu beginnen, wenn der junge Mensch sich kritisch für oder gegen einen Glauben entscheiden kann. Auch Staat und Familie fragen das Kleinkind ja nicht, ob es diese akzeptiert oder nicht, und es wäre unrealistisch, mit der Eingewöhnung in Familie und Staat solange zu warten, bis der junge Mensch sich selbständig für einen Staat und eine Familie entscheidet.

Das traditionelle Instrumentarium religiöser Kinder- und Jugenderziehung muß heute vor allem deshalb gründlich revidiert werden, weil die früher leitende Maxime der *»ganzheitlichen«* Formung (Synchronisation der katholischen Familie mit der katholischen Bekenntnisschule, Jugendseelsorge und Jugendarbeit) nicht mehr gelten kann, seitdem die Konfessionalität nicht mehr organisatorisches und pädagogisches Leitprinzip des Schulwesens ist, die konfessionsverschiedene Familie immer häufiger wird und das gesellschaftliche Leben, das früher oft als christlich galt, durchgängig säkularisiert worden ist.

Wichtig, ja geradezu grundlegend sind elementare religiöse Erfahrungen im Kleinkindalter, und zwar durch überzeugendes Beispiel von Eltern und älteren Geschwistern. Das früher übliche Vertrauen darauf, eine christliche oder gar konfessionelle Schule werde – auch bei religiös indifferentem Elternhaus – schon rechtzeitig ein lebendiges Glaubensleben im Kinde begründen, ist illusorisch. Die religiöse Erziehung in der Familie ist wichtiger und wirksamer als die schulische, die in einer religiös neutralen Staatsschule auf Information und Unterweisung zu beschränken ist und nicht die Aufgabe haben kann, Kirchlichkeit in Denken und Verhalten zu wecken. Um so nötiger wird – neben der informellen Glaubensunterweisung in der Familie – eine kirchliche Katechese im unmittelbar gemeindlichen Raum.

Tiefenpsychologie und -pädagogik haben eindringlich erwiesen, daß vor aller religiösen Information und Kenntnisverbreitung der Glaube durch Zeugnis, Beispiel und Tat im Kleinkind geweckt werden muß. Ein christlicher Kindergarten mag das Seine dazu beitragen können; aber das kann nur eine additive Bemühung neben dem Glaubensdienst der Eltern sein. Dieser wiederum ist heute noch viel zuwenig als Aufgabe unter den Eltern bekannt; eine systematische, die Verantwortung und Mündigkeit artikulierende kirchliche Elternbildung hat hier auf den Plan zu treten, vor allem um ein lebendiges Glaubensleben in jungen Familien zu stimulieren. Konfessionelle Verengung ist dabei zu vermeiden; da die Zahl der konfessionsverschiedenen Ehen zunimmt, glaubensverschiedene Ehepartner aber nicht aus der kirchlichen Elternbildung ausgewiesen werden dürfen, geht es hier um die Geltendmachung einer offenen Christlichkeit, die das wirklich Wesentliche des christlichen Heilslebens hervorhebt, nicht die konfessionellen Unterscheidungen. Anders formuliert: Für junge Eltern ist es besser, sie für eine christliche Kindererziehung in ökumenischer Liebe und Hilfe zu gewinnen, als durch Betonung des konfessionell Verschiedenen eine Aufspaltung der Ehepartner im erzieherischen Wollen zu verursachen, ja vielleicht sogar den resignierenden Verzicht auf eine glaubwürdige, den modernen Gesellschaftsverhältnissen entsprechende religiöse Erziehung.

Für viele Eltern – zumal in konfessionsverschiedenen Ehen – stellt sich die Frage der konfessionellen Glaubensunterschiede (im Sinne differierender Glaubenslehren, die in der katholischen Kirche das Lehramt präzisiert) nur noch sehr wenig. Die eine oder andere Kirche bzw. Konfession wird für sie nicht so sehr durch die jeweiligen Lehren über Leben und Erziehung glaubwürdig, sondern vielmehr durch die konkrete Menschlichkeit, in der die Kirche den Eltern und Kindern begegnet, ihnen hilft, sie berät und sich als notwendig erweist.

Die Frage, welcher Kirche die Partner einer konfessionsverschiedenen Ehe im konkreten Fall zuneigen, hängt heute mehr, als es in der pastoralen Doktrin bisher angenommen worden ist, davon ab, wie die Ehepartner die pädagogischen und sozialen Hilfen einschätzen, die ihnen von der einen oder anderen Gemeinde geboten werden,

vom Kindergartenplatz bis zu der Art, wie Eltern mit kleinen Kindern in der Liturgie »angenommen« werden. Mit anderen Worten: Die Hinwendung zur einen oder anderen christlichen Kirche ist für manche jungen Eltern nicht eine theologische Grundsatz- oder religiöse Entscheidungsfrage, sondern eine rein praktische.
Die Vermehrung der Anzahl kirchlicher Kindergärten könnte eine Chance zur Gewinnung eines bedeutenden pastoralen Feldes sein. Das Kleinkind durch organisierten pastoralen Dienst zu erreichen, ist heute um so wichtiger, als die Möglichkeiten der Pastoral und Verkündigung in der Schule entweder ganz ausgeschaltet oder auf ein Minimum reduziert worden sind. Die Schule ist nicht mehr das vom Staat leihweise zur Verfügung gestellte pastorale Feld mit dem Recht auf Glaubensentfaltung. An die Stelle der kirchlichen Katechese tritt mehr und mehr ein Religionsunterricht in eigener Verantwortung der Schule, durch den auch nichtchristliche bzw. fernstehende und indifferente Schüler über Religiosität und Religionen informiert werden sollen. Mit diesen Feststellungen soll nicht die Umwandlung des Religionsunterrichts in eine »Sachkunde Religion« allgemein gutgeheißen werden; aber es wäre pastoral unverantwortlich und töricht, weiterhin davon auszugehen, der Religionsunterricht in der religiös neutralen Staatsschule könne so viel für die religiöse Erziehung tun, daß dadurch genug Glaubensleben und Kirchlichkeit im Edukanden entfaltet würde. Den Verlust an innerschulischem Einfluß kann die Kirche vor allem dadurch kompensieren, daß sie – allerdings fakultativ und nicht mehr obligatorisch wie der Religionsunterricht – eine ganz *neue Schul-, Schüler- und Lehrerpastoral* entwickelt. Im Rahmen dieser Pastoral ist der Schüler- und Lehrergottesdienst etwas anderes als der bisherige, als Schulpflichtstunde motivierte Schulgottesdienst, der heute von vielen Schülern abgelehnt wird. Die für die reife Kindheit typische Aufnahmebereitschaft für religiöse Einsicht und pastoralen Zuspruch sollte natürlich nicht nur durch diese neue Schülerpastoral genutzt werden, sondern auch durch die weitere Familienerziehung. Zwischen dem 8. und 11. Lebensjahr ist eine besonders günstige Phase zum »Er-

lernen« des Christseins sowohl durch Belehrung über die Heilige Schrift und die Kirche als auch durch die pastoralen »Übungen«, d. h. das interessierte Mitmachen in christlichem Kult und Brauch. Bereits vor Beginn der Vorpubertät muß das religiöse Basiswissen gespeichert sein. Es sollte freilich mehr ein Wissen um Heilsgeschichte und beispielhaftes christliches Leben sein als ein Kennen von Dogmen und Geboten. Man bedenke z. B., wie günstig das Interesse der späten Kindheitsphase an Helden, Entdekkern und anderen großen Persönlichkeiten auch bei der Bekanntschaft mit der Bibel und der Kirchengeschichte genutzt werden kann. Der anthropologische Aspekt, nicht der institutionelle und doktrinäre, ist für die religiöse Unterweisung vor Beginn der Vorpubertät entscheidend.

Sicherlich fehlte es in der Vergangenheit nicht an einer Hochschätzung der Kindheit durch die pastoralen Dienste; jedoch hatte das den Nachteil einer zu starken Orientierung der Pastoral am Kinde überhaupt und damit einer Vernachlässigung der Jugend und der Erwachsenen. Das gilt besonders für die Beschränkung der Glaubensunterweisung auf die Pflichtschulzeit. Von hierher erklärt sich – zumindest teilweise – ein weit verbreiteter und tief verwurzelter *religiöser Infantilismus:* Er stilisiert Religiosität zu einem genuin »kindlichen Gefühl«, mitunter in Fehlinterpretation von »Gotteskindschaft«, betont zu sehr den Gedanken der Religion als einer »schlechthinnigen Abhängigkeit des Menschen von Gott« und mutet dem mündigen Menschen zu, in religiösen Fragen auf kritische Reflexion, eigenen Entschluß und freie Entscheidung zu verzichten. Infantilismus entsteht immer dort, wo eine Institution kindliche Unselbständigkeit und Hilfsbedürftigkeit idealisiert und zum Anlaß dafür nimmt, den Menschen von sich abhängig zu machen. Das Interesse an der Kirche darf aber nicht dadurch genährt werden, daß dem Menschen – statt ihn zu freiem, persönlichem Glaubensleben zu ermutigen – Mängel und Fehler angeredet werden und sein Wertbewußtsein gemindert wird.

Sobald Infantilismus des religiösen Verhaltens und säkularer Wille zur Emanzipation und Information zusammenkommen, ist das Ende des Glaubenslebens und der Kir-

chengliedschaft gekommen. Schon deshalb sollte sich die Pastoral für die Überwindung des religiösen Infantilismus einsetzen.
Noch ein Wort zur Auswirkung des Infantilismus auf die pastoralen Formen: In der Vergangenheit ist viel für eine separate Kinder- und Jugendseelsorge getan worden, wobei das Kind oft in eine religiöse Idealatmosphäre geleitet wurde, die es dann im Zusammensein mit Eltern und anderen Erwachsenen nicht wiederholt fand und die es enttäuschen mußte. In Zukunft sollte eine Form der *Gemeinde* entwickelt und erprobt werden, in der weder von den Erwachsenen verlangt wird, sich nach den Kindern zu richten, noch das Gegenteil; diese neue Gemeinde muß für das Kind durch das Beispiel und Zeugnis der Erwachsenen charakterisiert sein, zugleich durch das Wohlwollen dem Kinde gegenüber. Die Separierung der Kinder- und Jugendliturgie in der Vergangenheit ist ein Grund dafür, daß in einem Gottesdienst für alle Altersgruppen der Gemeinde Kinder und kindliches Verhalten oft als störend und unfromm empfunden werden. An einer Gemeindeverkündigung, bei der es nicht legitim ist, daß ein Kleinkind während einer Predigt oder einer liturgischen Handlung etwas laut sagt, ist etwas senil und frömmlerisch. Begriff und Fluidum der Frömmigkeit sind in der neuen, familienbewußten Gemeinde neu zu bestimmen, und zwar so, daß jede überspitzte »Verinnerlichung« zu vermeiden ist.

2.2 *Jugend – Pubertät*

Entwicklungspsychologische »Phasenbilder« sind, selbst was die mitbedingenden biologischen Faktoren betrifft, von sozio-kulturellen Wandlungen abhängig. Daher ist spätestens nach ein oder zwei Jahrzehnten eine Neuorientierung erforderlich. Das gilt vielleicht noch mehr hinsichtlich der Beschreibung und Interpretation der menschlichen *Jugendzeit* als hinsichtlich der Kindheit und des Erwachsenseins. Daß sich die »Rolle« der Jugend innerhalb der Gesellschaft und auch im Gefüge der Altersgruppen stark ändert, zeigen seit einigen Jahren die Unruhen, die nicht ganz hinreichend mit der Floskel »Revolte der Jugend«

umschrieben werden. – Übrigens ist die Jugendseelsorge heute nicht mehr in gleicher Zielsetzung und mit gleichen Haltungen und Methoden möglich wie etwa in den zwanziger und dreißiger Jahren dieses Jahrhunderts, als Jugendseelsorge ein geradezu avantgardistisches Terrain der Seelsorge war.

Als menschliche Jugendphase kann das Alter vom Beginn der Pubertät bis etwa zum 18. Lebensjahr angesehen werden. Mittelpunkt dieser Phase ist der Zeitabschnitt zwischen dem 15. und 17. Jahr.

Fast als synonym mit dem Begriff »Jugend« (im psychologischen, nicht in einem weiteren soziologischen Sinne) ist das Wort *»Pubertät* oder *»Reifezeit«*. Während noch vor etwa fünf Jahrzehnten »Pubertät« vorwiegend als biologischer Prozeß (Geschlechtsreifung) aufgefaßt, dann jahrzehntelang zwischen einer vorwiegend biologisch-somatischen und einer geistig-seelischen Reifungsphase unterschieden wurde (11./13. bis 13./15. Lebensjahr bzw. 13./15. bis 17./18. Lebensjahr), spricht man heute bereits von einer zusätzlichen, dritten Pubertätsphase, von der »Kulturpubertät« (H. H. Muchow)[7] bzw. »Sozialreifung«, die sich zeitlich nicht so klar begrenzen läßt und bis zum 21. Lebensjahr andauern kann. Das Pubertätsphänomen ist differenzierter, aber auch komplizierter geworden, jedenfalls in hochzivilisierten und -technisierten Gesellschaften. Typisch für Primitivkulturen und relativ homogene Gesellschaftssysteme ist u. a. der Fortfall einer eigentlichen Jugendzeit und der Beginn des Erwachsenseins sofort nach der Geschlechtsreife, ferner der Verzicht auf eine grundsätzliche Trennung des Lebens (auch des intimen) der Erwachsenen von dem der Kinder; das ist vor allem durch die ethnologischen Forschungen von M. Mead[8] sichtbar geworden.

Die menschliche Sexualität ist durch bestimmte Zeitstrekken das »Thema Nr. 1« von Pubeszenten. Die traditionelle Erziehung und Seelsorge bemühten sich, den bisher vom jungen Menschen unerfahrenen Triebstau durch Sublima-

---

[7] H. Muchow, Die Flegeljahre, Ravensburg [3]1953.

[8] M. Mead, Jugend in der Südsee, Hamburg o. J.

tion, durch Kultivierung und »Triebverzicht« zu überwinden, durch Aufsparen und Sammeln der sexuellen Kräfte statt durch deren »freies« Abreagieren. Die Theoretiker der jüngsten »Jugendrevolution« (H. Marcuse, W. Reich, A. Neill, H. J. Gamm, H. Kentler u. a.) machen gerade die christliche Sexualmoral und Jugendpastoral dafür verantwortlich, daß – angeblich – durch »Triebverzicht« berechtigte sexuelle Impulse unterdrückt worden seien, und daß daraus Frustration und Aggression als jugendliche Dauerhaltungen resultierten.

Die Jugendpastoral muß in Zukunft vermeiden, das Sexualverhalten (und vor allem das entsprechende Fehlverhalten) zum entscheidenden Kriterium personaler Integrität zu erheben, als konzentriere sich hier die ganze Problematik der Sittlichkeit. Die Hilfe und der Rat zu einem altersgemäßen Liebesverhalten darf nicht lediglich in Warnung vor Sünde und Verfehlung bestehen. Erreicht die Jugendpastoral, daß der Jugendliche – zumal der Pubeszent – Sittlichkeit als Menschlichkeit, als Sache der freien Gestaltung, als etwas Positives erlebt, dann wird auch im Sexualverhalten eine größere Sicherheit erreicht, als wenn hier die Taktik des ständigen Angstweckens praktiziert wird. Zur Überschätzung der Sexualwerte (um Werte handelt es sich hier nach dem Empfinden Jugendlicher) kann es nur kommen, wenn andere (auch höhere) Werte nicht in rechter Relation zur Sexualität zur Geltung kommen, wenn überhaupt durch mitmenschlichen Dienst versäumt wird, ein möglichst differenziertes und abwechslungsreiches Angebot von Werten zu machen. Ferner: Die entscheidende Erfüllung des Verlangens nach Liebe sucht der Jugendliche oft nur dann im Sexualkontakt, wenn andere Formen der Zuwendung von Liebe, Sympathie und Hilfe nicht recht funktionieren, so z. B. elterliche, freundschaftliche, auch priesterliche Hilfe. Die Übersexualisierung hat ferner darin eine Ursache, daß eine Sensibilisierung im Ästhetischen, Kognitiven, in beruflicher Leistung und gesellschaftlicher Geltung, in Religion und Bildung nicht gelang. Insofern ist der vielgescholtene »Pansexualismus« eine Ersatzhandlung, die am wenigsten auf das Schuldkonto von Jugendlichen gebucht werden kann.

Eine neue Jugendpastoral hat zu beweisen, daß Triebverzicht nicht mit Trieb-Abtötung, auch nicht mit heroischer Askese identisch zu sein braucht. Verzicht wird nur berechtigt, wenn durch ihn etwas Höheres gewonnen wird. Gefährlich ist allerdings, Triebverzicht mit Triebdisziplinierung und -kultivierung zu verwechseln. Das Gegenteil von sexuellem Triebverzicht braucht nicht pansexuelle Einstellung zu sein. Zur Erfahrung seiner Sexualität sollte der junge Mensch angemessene Gelegenheit bekommen, etwa in Geselligkeit und Sport, aber eben auch im partnerschaftlichen Gespräch mit dem anderen Geschlecht.

Bei manchen »progressiv« argumentierenden Sexualpädagogen wird der sexuelle »Triebverzicht« oft zuwenig im Zusammenhang zu anderen Verzichtformen heutigen gesellschaftlichen Lebens betrachtet. Zu beachten ist, daß das hohe und differenzierte Sozial- und Kulturniveau unserer Gesellschaft weitgehend auf Verzichtleistungen gründet, die zustande kommen, weil sie um je höherer Werte willen getan werden. Der sexuelle »Triebverzicht« verliert sogleich das ihm oft angedachte Odium der Wehleidigkeit und Weltfremdheit, wenn man ihn in Relation etwa zum Verzicht auf bestimmte Formen des Konsums und des Luxus setzt. Askese etwa in bezug auf toxische Stimulanzen (Alkohol, Nikotin, »Wachmacher« u. a.) verlangt nicht weniger Willensleistung und Selbstdisziplin wie der mitunter dramatisierte sexuelle »Triebverzicht«. (Das Wort ist insofern eine nicht ganz zutreffende Benennung des gemeinten Sachverhalts, als nicht beachtet wird, daß ja nicht auf »die« Sexualität oder »den« Trieb generell verzichtet wird, sondern daß für ihn eine willentliche Steuerung eingeführt wird, die einem beliebigen Abreagieren entgegensteht.)

Wer der situativen, emotionalen sexuellen Triebaufwallung durch rationale Disziplin Einhalt gebietet, wird genau so wenig krank und denaturiert wie derjenige Mensch, der auf Genuß von Alkohol, Nikotin oder »tranquilizers« verzichtet, etwa aus gesundheitlichen oder aus sportlichen Gründen.

Es scheint nicht möglich zu sein, heute mit wissenschaftlichen (etwa exakt medizinischen) Argumenten nachzuweisen, daß dem Sexualtrieb eine Vorrangstellung im Verhältnis zu anderen menschlichen Erlebnis- und Leistungsformen zukommen müsse. So kann der Macht- oder Geltungstrieb beim einen Menschen genauso dominieren wie der Sexualtrieb bei einem anderen. – Wir bringen den sexuellen Triebverzicht nicht deshalb in den Zusammenhang zu anderen Verzichtformen, um ihm seinen anthropologischen Stellenwert zu nehmen, sondern um ihm gerade denjenigen zuzuweisen, der ihm gebührt.

Die Jugendpastoral wird nicht dadurch moderner, daß sie die Koitations- und Petting-Propaganda eines neuen Biologismus stillschweigend akzeptiert. Vielmehr geht es darum, Achtung vor dem Menschsein, vor der je eigenen und polaren Geschlechtlichkeit zu wecken und ein subtiles Wert- und Unterscheidungsvermögen zu üben. Wo Hochachtung vor dem Mitmenschen, vor allem vor dem geliebten Partner, gebildet worden ist, kann dem sexuellen Fehlverhalten begegnet werden. Diese Hochachtung verlangt aber auch eine gewisse Großzügigkeit, die das, was sich zu freiem, individuellem Handeln entwickeln muß, nicht in die Zwänge einer Moralkasuistik einfordern darf, die mehr Angst erzeugt als wahre Liebe und Verantwortung.

Dem wird (auch psychologisch und nicht nur soziologisch motiviert) eine Theorie der Jugend entgegengestellt, die es ablehnt, daß dem Erwachsenen bestimmte Privilegien eingeräumt werden; es wird unterstellt, grundsätzliche Wertunterschiede zwischen Jung- und Erwachsensein gebe es nicht – die Jugend habe zwar ein Recht auf ein Eigenleben, jedoch nicht in Isolation, sondern in Öffnung zur Partizipation an allen gesellschaftlichen Tätigkeiten, einschließlich der gleichberechtigten, »paritätischen« Mitbestimmung in Politik, Schule, Beruf und Gesellschaft sowie des »Rechts« der Jugend auf alle sexuellen Erfahrungen. Es wird in dieser Jugendtheorie davon ausgegangen, daß es so etwas wie eine »Heiligkeit der Generation« (Key) gebe – als Anrecht der Jugend darauf, sich selbst ihre Denkart, ihre Kultur, ihre Gesellungsform, auch ihre Religion und Ethik zu geben, ohne in irgendeiner Weise an vorgegebene Bindungen (Autorität, Gehorsam, Tradition) gebunden zu sein.

An diesen Hinweisen mag – auch für den Theologen – erkennbar werden, daß die Aussage über den Sinn der Jugend nicht mit einer objektiven Beschreibung biologischer und psychologischer Daten identisch sein kann, sondern eine biokulturelle Validierung nötig macht.
Die Seelsorge wird der aufgewiesenen Situation nicht dadurch gerecht, daß sie sich den (heute in Teilen der Jugend vorherrschenden) Theorien einer »antiautoritären« Erziehung sowie der entsprechenden Sinngebung der Jugend kritiklos anpaßt; vielmehr kommt es darauf an, auch ein »Kontrastangebot« an Haltungen und Werten, Zielen und Chancen zu wagen, das nicht minder Anklang findet als das einer ganz auf Jugend applizierten neomarxistischen Anthropologie, die nur streckenweise als Wissenschaft zu bezeichnen ist und an vielen Stellen in Ideologie übergeht. – Hier stellt sich die Frage nach der Möglichkeit einer christlichen Sinngebung des menschlichen Jungseins.
Christlich könnte das Beispiel des Jungseins heute schon dadurch werden, daß im Mitleben gezeigt wird, wie ein Leben möglich wird, das nicht – wie das so vieler Jugendlicher heute – in den Veräußerlichungen eines hemmungslosen Konsums aufgeht, eines Konsums, der zwischen Unterhaltung, Genußmitteln und Kosmetik einerseits und Sexualität anderseits keinen wesentlichen Unterschied begreift. Zum christlichen Sinn des Jungseins kann die Tatsache gehören, daß dem jungen Menschen jetzt die Aufgabe gestellt ist, anstelle der von anderen angewöhnten Religiosität ein eigenes, frei gewähltes und bewußtes Glaubensleben zu erlangen, die »Kinderreligion« kritisch zu prüfen und zu überwinden. Vielleicht liegt aber die tiefste christliche Erfahrung des Jungseins darin, daß sich der Jugendliche hier als der »neue Mensch« wahrnimmt, der eine Fülle von schöpferischen Lebensmöglichkeiten aufbrechen sieht und sie im Laboratorium der Schöpfung erprobt. Jedem Jungsein ist, auch rein psychologisch, bei aller Belastung durch die Auseinandersetzung mit Tradition und vorgegebener Autorität ein kosmisch-universalistischer Grundzug eigen, eine Stimmung prinzipieller Offenheit und Freiheit, die einen religiösen Kern hat. So gesehen, kann auch die meist marxistisch und keineswegs

christlich motivierte »antiautoritäre« Erziehung berechtigt sein; es wäre falsch, sie einfach nur als Negation von Autorität zu deuten. Wer den Theorien und Praktiken »antiautoritärer« Erziehung nachgeht, registriert bald, daß es hier durchaus um Suche nach neuer, aber begründeter und vom jungen Menschen bejahter Autorität geht, einer, die freilich nicht mehr den Haßtitel »Autorität« trägt, die sich als »Kreativität« und »Emanzipation« bezeichnet. In einer fast chiliastischen Übersteigerung geht die »antiautoritäre« Erziehung doch darauf hinaus, dafür zu sorgen, daß der Jugendliche und das Kind *»ganz Mensch«* sein können, und nicht eben nur Konsument, Aktivist, Rollenträger, Abhängiger oder was auch immer. Mag das Streben nach »antiautoritärem« Verhalten der Jugend auch noch so sehr von politischen Radikalen angeheizt worden sein – es hat doch eine tiefe Erlebnisschicht vieler Jugendlicher freigelegt und Bedürfnisse in einer Elementarität geweckt, deren Auslösung so oder so nötig war. (Fast könnte die kirchliche Lebenshilfe neidisch darauf sein, daß ihr diese Auslösung nicht gelungen ist.)

Nach dem Vorgang der Jugendrevolte wird Jugendpastoral in Zukunft nur noch »ankommen«, wenn sie die Menschlichkeit des Glaubens und die Heilsbedürftigkeit des Menschen überzeugend nachweisen kann. Mit bloßem »Lehren« (auch mit bloßer Kerygmatik) wird nicht mehr viel anzustellen sein. Empirische und kognitive Überzeugung dürfen nicht »übersprungen« werden.[9]

In allen Versuchen zur wissenschaftlichen Erklärung heutigen Jungseins wird hervorgehoben, daß es sich bei der Jugend nicht einfach nur um eine Zeit der gesellschaftlichen Anpassung und Einordnung handelt, sondern zugleich auch um eine Phase der Auseinandersetzung mit den Zielen, Werten und Traditonen der Gesellschaft. Das *»Experimentelle«* ist ein wichtiges Kennzeichen heutigen Jungseins. Für die Seelsorge heißt das: Auch religiöse Haltungen und Institutionen, Einsichten und Forderungen werden nicht einfach »angenommen«, sondern der Erprobung und

---

[9] Vgl. v. Verf.: Aspekte einer Metaphysik der Jugend, in: Innerlichkeit und Erziehung, Freiburg 1964, 283–300.

dem Experiment ausgesetzt, selbst auf die Gefahr des Scheiterns hin.
Theologisch mag das in mancher Hinsicht »unmöglich« anmuten, zumal wenn man absolute Geltung von Geboten voraussetzt; aber die Jugendseelsorge wird dieses Moment des Experimentierens (um des »Lernens« und Prüfens willen) respektieren müssen. Töricht wäre z. B., etwa bestimmte liturgische Experimente (z. B. die Verwendung von Jazz und Pop-Musik sowie von audiovisuellen Effekten im Gottesdienst) a priori als Entwertung des Heiligen abzutun.[10]
Auch das ethische Verhalten und Urteilen des Jugendlichen schließt das Experiment ein; zwangsläufig muß ein Konflikt zu einer Seelsorge entstehen, die apriorische Gültigkeit ethischer Normen, Gebote und Verbote behauptet. Diesem Konflikt kann und darf nicht ausgewichen werden – weder von dieser noch von jener Seite. Das kontrapunktische Element, von dem oben die Rede war, gehört zur Selbstwerdung des Menschen. Die Seelsorge wird vom Jugendlichen oft in Situationen abgelehnt, in denen sie als Quietiv eingesetzt wird, statt Hilfen für die Entscheidung von Konflikten zu bieten. Man muß heute davon ausgehen, daß eine Gesellschaft mit *pluralistischen* Denk- und Verhaltensmustern ungleich reicher an Konfliktstoffen ist als jede Art von »ganzheitlicher«, »einheitlicher« oder irgendwie an Harmoniemodellen orientierter Gesellschaft. Wenn Jugendliche mitunter den Konflikt provozieren oder suchen, so hat das seinen Grund darin, daß – bewußt oder instinktiv – diese pluralistische Konflikthaftigkeit des gesellschaftlichen Zusammenlebens erkannt worden ist und daß man Bewährungsgelegenheiten wahrnehmen möchte, um den Konflikt als Lebensform zu meistern, statt ihn immer wieder als Form der Überraschung unvorbereitet zu erleben. Die Jugendpastoral hat in einer kritischen Selbstprüfung festzustellen, inwiefern ihre Grundauffassungen noch an Harmoniemodellen der Gesellschaft und des Menschseins orientiert sind, die heute mit der Realität nicht mehr übereinstimmen. Man sollte sogar überlegen,

---

[10] Eine Diagnose des Verhältnisses von Jugend und Kirche versucht H. Halbfas, Jugend und Kirche, Düsseldorf 1964.

inwiefern Jugendpastoral in ihrer Strategie und Taktik Konfliktpastoral sein muß – als ein Medium zur Rationalisierung und Spiritualisierung des Konflikts.
Eine der pastoral erregendsten Erscheinungen der Pubertät liegt wohl darin, daß der Pubeszent jeglichen Wert, den er annimmt, zunächst im Prozeß einer eigenständigen Wertung gewinnen und nicht unkritisch »übernehmen« will. Für diese selbständige Normierung Maßstäbe zu offerieren, die als glaubwürdig vom Jugendlichen akzeptiert werden, ist eine der schwierigsten Aufgaben, die heute der Jugendseelsorge gestellt sind.
Die starke Sensibilisierung des Menschen durch die Pubertät läßt erkennen, daß die das Leben zentrierenden Werte nicht so sehr durch rationales Erkennen gewonnen und stabilisiert werden als vielmehr durch ein stark irrational getöntes Werterleben. Religiöses Erleben und religiöse Erfahrung überzeugen den Jugendlichen mehr als religiöse Information und Unterweisung. Das gilt auch dann, wenn die Information liberal genug ist, um Entscheidungen dem Jugendlichen selbst zu überlassen. Sie dringt in seinen Existenzkern nicht so tief vor wie Erlebnis und Erfahrung. Die Seelsorge tut gut daran, diese anzubahnen und zu ermöglichen. Natürlich kann sie sie nicht forcieren und vielleicht nicht einmal programmieren.
Das Freiheitsbedürfnis des Pubeszenten (zumal wenn er älter ist) schließt zwar ein »autoritäres« Vorgehen des erziehenden Erwachsenen aus; doch erwartet der junge Mensch, daß der Erwachsene ihm im »Betrieb der Gefühle« (H. Nohl)[11] eine klare Führung bietet, durch sein Beispiel und durch sein Verhalten exemplarisch wirkt, nicht durch das, was er an Forderungen, Zielen und Idealen verbalisiert. Hier wird erkennbar, wie *Autorität* auch heute noch entsteht – trotz vieler ideologischer Versuche, sie totzusagen.
Wir haben es nach Aussage der anthropologischen Wissenschaften heute mit einer relativ *»erwachsenen«* Jugend zu tun. Das hat zur Folge, daß man von ihr viel verlangen kann, zugleich aber auch, daß sie mehr fordert als die

[11] Vgl. hierzu H. Nohl, Charakter und Schicksal – Eine pädagogische Anthropologie, Frankfurt o. J.

Jugend in früheren Epochen. Die relative »Erwachsenheit« heutiger Jugend rührt nicht nur daher, daß es der Jugend heute leichter als früher möglich ist, am Leben der Erwachsenen teilzunehmen, sondern vor allem daher, daß viele Jugendliche Funktionen des Erwachsenseins einfach »vorwegnehmen«; eine liberal strukturierte Gesellschaft läßt das schon deshalb zu, weil sie in vielen Berufen auf die Leistungen junger Menschen unbedingt angewiesen ist.
Gleichwohl registrieren wir heute eine schroffe Diskrepanz zwischen biologischer Frühreife einerseits und später Sozial- und Lebensreife anderseits. Diese verspätet sich mehr und mehr, weil die von Beruf und Gesellschaft gestellten Anforderungen wachsen. Das gilt besonders bei Leitungsfunktionen, die eine sehr lange Ausbildung (bis über die Hälfte der zwanziger Jahre hin) verlangen.
Hier ist ein Wort zu sagen über den veränderten Stellenwert der *Bildung* im Leben des Jugendlichen (bzw. des Jungerwachsenen). Zwar endet in der Jugend die Zeit der *obligatorischen* Erziehung und Bildung, jedoch erweist sich bald durch allerhand Sozialzwänge in Beruf und Gesellschaft die Notwendigkeit der ständigen Weiterbildung, des »life long learning«. Jugendlicher und Erwachsener sind gleichermaßen auf Weiterbildung angewiesen und kommen sich auf diese Weise überraschend nahe. Der Erwachsene gilt nicht mehr als »fertiger« Mensch, Erwachsensein nicht mehr als »Normalform des Menschseins«, sondern als eine neben anderen menschlichen Daseinsformen.
In einer Epoche der Neigung zum »understatement« sind jene Formen der Jugendpastoral ineffektiv geworden, die auf einem möglichst »geschlossenen« Bekennen beruhten; Jugendgottesdienste der letzten Jahrzehnte, vor allem im »Dritten Reich« geprägt, waren meist »Bekenntnisfeiern« mit hohem Pathos und Ethos, mit Leitworten und Bannern, mit einem äußeren Aufwand, den die Mehrheit der Jugendlichen heute ebenso ablehnt wie die »verschworene« Gliedschaft in Jugendbünden – u. U. sogar mit der Intention der »Lebensgemeinschaft« und »Lebenserneuerung in Christus«. Was aber kann heute noch an Formen angewandt werden?
Zu nennen sind zunächst Formen einer neuen, »informa-

tiven Pastoral«, die nicht a priori Gläubigkeit und Kirchengliedschaft voraussetzen, sondern kritische Distanz und interessierte Offenheit für das Gegebene halten: »Glaubensgespräche«, Diskussionsabende, bei denen es nicht um Mitteilung einer vorgegebenen Lehre durch den Priester oder Katecheten geht, sondern um Artikulation von Lebensproblemen und deren Konfrontation mit dem kirchlichen Heils- und Hilfsangebot. Die Form solcher Pastoral mag »liberal« erscheinen; es geht hier aber um ein hohes Maß an intellektueller Redlichkeit und sachlicher Verbindlichkeit. Hier macht man sich die Überzeugung nicht leicht; überzeugen ist hier ein mühsamer Prozeß mit Einwänden, Fragen und Zweifeln. Der, welcher die Glaubenslehre mitteilt, kann dies nur in Art des Offerierens tun und nicht apodiktisch und doktrinär. Er überzeugt nicht als Repräsentant der Institution »Kirche«, sondern als Persönlichkeit, erfüllt von der Richtigkeit christlichen Lebens.
Es ist in Zukunft unmöglich, in der Jugendpastoral auf einen gleichsam vordialogischen Punkt zurückzugehen. Das heißt aber auch, daß in Zukunft eine rein monologische Form der Glaubensmitteilung (traditionelle Predigt) im Umgang mit der Jugend nicht mehr aufrechterhalten werden kann.
Ein Dialogeffekt im Jugendgottesdienst wird jedoch schon dann erreicht, wenn der Jugendliche im Ton der Offerte angesprochen wird, wenn er meditieren kann, wenn er seine Gedanken durch seinesgleichen formuliert hört, wenn der Dialog auch im liturgischen Raum beheimatet wird. Die Bereitschaft der »Amtskirche« hierzu ist noch nicht allgemein vorhanden; es wird Zeit, daß sie gewährt wird. Dialog heißt im Erlebnisfeld heutiger Jugend nicht – wie für viele Ältere – ein »Zerreden« von geformten Wahrheiten; vielmehr ist der Dialog für die heutige Jugend die wichtigste Art der Kommunikation mit dem Menschen wie auch mit Gott. (Dieses Dialogverständnis ist vielleicht auch der tiefste Anlaß für die vehemente Forderung vieler Jugendlicher nach »Demokratisierung« aller Lebensbereiche, auch der Kirche.) Noch schärfer gesagt: Der Dialog ist für die Jugend mehr als eine in Alternative zum Mo-

nolog beliebig zu wählende Lehr- und Lernform, er ist ein Existentiale modernen Menschseins. Es wird noch vieler Experimente bedürfen, um eine durch und durch dialogische Verkündigung für die Jugend anbieten zu können.

Die Tatsache, daß die Jugendpastoral nicht mehr auf Jugendbünde als auf ein Reservoir der besonders Treuen und Aktiven zurückgreifen kann, ist nicht ein Indiz für angebliches soziales Desinteresse der Jugend. An die Stelle der Jugendverbände sind Formen der offenen Jugendarbeit gerückt, so z. B. die Jugendclubs: In ihnen ist die Organisation auf ein Minimum kaschiert, ein Optimum an freier Verfügbarkeit und Initiative vorausgesetzt, um möglichst jeden Teilnehmer in Respekt vor dessen Selbständigkeit und Freiheit verantwortlich werden zu lassen. Der Katholizismus hat bisher den Club als Form der Gesellung noch nicht angemessen zu adaptieren vermocht, »die Jugendpastoral« gibt Gelegenheit, das Versäumte nachzuholen.

Liberalität in der Form, Verbindlichkeit in der Sache: das sind auch die Charakteristika der vielen Gruppenformen heutigen Jugendlebens. An die Stelle des kirchlichen Vereinslebens wird in Zukunft – auch im Erwachsenenbereich – ein fluktuierendes Gefüge informeller Gemeindegruppen treten, die meist zweckgerichtet sind, von Aktionen und Initiativen bestimmt werden und sich nur sehr begrenzt institutionalisieren lassen. Die soziologische Kategorie der Gruppe ist dem kirchlichen Organisationsgefüge und Heilsleben heute noch ziemlich fremd. Von der Jugendpastoral her sollte das Gruppenleben in der Kirche erstarken, das die vielfältigen sozialen Verflechtungen der Gegenwart in die Kirche hineinträgt, während das traditionelle Verbandswesen die Kirche als »geschlossene Einheit« (oft mit Gettofunktion) verstand. Das, was wir »informelle Pastoral« nennen, sollte natürlich nicht allein im Vorgang neuer *Verkündigung* erfolgen, sondern auch in einem *Gruppenleben,* in dem der junge Mensch sich als Mitmensch akzeptiert und bejaht fühlt, in dem die tragenden Werte des Christseins verbindlich und menschlich zugleich erlebt werden können. In solchem Gruppenleben ereignet sich ein „learning by doing“, das der Pastoral eine zu stark verbale und abstrakte Note nehmen kann. – Etwas von diesem Gruppenleben ist in den informellen Zusammenkünften der »Jesus People« spürbar, in denen die Besucher eine seelische Wärme und eine Atmosphäre der Brüderlichkeit erfahren, die ihnen die »großen« Kirchen vielleicht nicht genug gegeben haben.

Übrigens läßt die Gruppenform in der Jugendpastoral zu, daß auch diejenigen beteiligt werden, für die es im traditionellen Raster der Kirchlichkeit keine Plätze gab: die Reservierten, Kritischen, Zweifelnden, Indifferenten, Fernstehenden, »die an den Hecken und Zäunen«.

Auf eine wichtige psychologische und zugleich soziologische Tatsache sei zum Abschluß dieses Kapitels hingewiesen: Der Verzicht auf weitere Mitgliedschaft in kirchlichen Jugendverbänden (etwa vom 17. Lebensjahr an) läuft meist zeitlich parallel mit der stillen Emigration vieler Jugendlicher aus der Pflichtreligiosität, die mit der Pflichtschul- und Pflichterziehungszeit einhergeht. Das ist ein durchaus normaler Prozeß. Er darf nicht als pastorale Katastrophe gedeutet werden. Jetzt kommt es darauf an, mit neuen Formen die Jugend auf der Basis beginnender Selbständigkeit und Freiheit neu zu gewinnen. Hier liegt für die Pastoral eine entscheidende zeitliche und methodische Zäsur.

2.3 *Adoleszenz (Nachreife)*

Zu den ältesten Phasenbegriffen (schon im Altertum geläufig) gehört der der Adoleszenz. Im Unterschied zu früheren Bedeutungen besagt er heute, daß der menschlichen Jugend nicht sofort das Erwachsensein folgt, sondern eine Übergangsphase, in der sowohl Kennzeichen des Jung- als auch des Erwachsenseins wirksam sind, beim einen Menschen mehr diese, beim anderen jene. Der Mensch im Alter von etwa 19 bis 21 Jahren (bei manchen auch bis etwa 25 Jahren), den die moderne Rechtsprechung als den *Heranwachsenden* bezeichnet, kann je nach seinem individuellen Reifestand rechtlich als Jugendlicher wie auch als Erwachsener angefordert werden.

Die Frage der juristischen und politischen *Mündigkeit* ist

in jüngster Zeit neu gestellt worden, und zwar mit der Tendenz einer Vorverlegung des Mündigkeitszeitpunktes. Wie noch unten zu erklären sein wird, wird das vor allem durch die Fakten der gesellschaftlich-beruflichen Entwicklung begründet: Wer im Beruf bereits mit 18 Jahren Vollverantwortung trägt und finanziell völlig selbständig wird, will nicht länger als Jugendlicher (und das heißt auch: beschränkt Rechtsfähiger) behandelt werden. In der Politik ist dem neuerdings durch Vorverlegung des aktiven Wahlalters von 21 auf 18 Jahren und des passiven von 25 auf 21 entsprochen worden. Übrigens wird hier deutlich: Die Terminierung der Dauer der einzelnen Entwicklungsphasen hängt nicht von rein biologischen Fakten allein ab, sondern auch von sozio-kulturellen, die erstere maßgeblich verändern können (vgl. z. B. Akzeleration, die Vorverlegung der biologischen Pubertät).

Die Angehörigen der Adoleszenzphase sind in der Seelsorge nicht einheitlich ansprechbar; ein (freilich relativ kleiner) Teil läßt sich noch von der Jugendseelsorge erreichen, der größere aber nicht mehr. Für das Gros der Angehörigen dieser Phase ist sogar typisch, daß sie ihr beginnendes Erwachsensein stärker artikulieren, als es die Angehörigen der 1. oder 2. Erwachsenenphase tun, die mitunter Wert darauf legen, als jung zu gelten.

Die Dynamik der Adoleszenz wird u. a. dadurch verdeutlicht, daß gleichermaßen berufliche und finanzielle Selbständigkeit und Unselbständigkeit gegeben sind, daß für einen Teil der Adoleszenten die Grundbildung bereits abgeschlossen ist, für andere noch jahrelang weitergeht (vor allem für die Angehörigen von Führungsberufen). Obgleich dieser Phase eine starke Dynamik und Spannungsbreite eigen ist, ist sie jedoch für den Ansatz der Seelsorge optimal günstig. Gerade dies ist bisher noch nicht hinreichend beachtet worden. Weit verbreitet ist die Ansicht, nach dem Aufhören der Pflichtschulzeit sei für das Gros der jungen Menschen auch die religiöse Bildung und damit das religiöse Leben zu Ende gegangen; es erfolge jetzt (wenn nicht schon früher) die stille, kampflose Emigration aus der Kirche. – So denken heißt, in traditionellen Klischees der Seelsorge verhaftet zu sein.

Jener »Bruch« zur familiär und kirchlich überlieferten Religiosität, der sich in der Pubertät ereignet hat, kann jetzt – in der Adoleszenz – durch neues Interesse überwunden werden: Der »natürliche Idealismus« (R. Guardini)[12] dieser Phase schafft optimale Voraussetzungen für die Bildung einer »Weltanschauung« wie auch für die Konstruktion eines weit gefaßten Lebensplanes. Die Welt wird als unendlich offen, das Leben als reichhaltige Offerte und Feld unbegrenzter Möglichkeiten erlebt. Das Kraftgefühl scheint dominanter zu sein als in irgendeiner anderen Lebensphase. Zugleich vollzieht sich jetzt – nach dem »Betrieb« der Pubertät – eine seelische Beruhigung, die eine Bewußtmachung und Steuerung der vitalen Kräfte begünstigt. M. Moers[13] spricht vom »Ausgleich hochgehender Wogenfluten« der Pubertät, von der »Lösung aus der Ich-Verhaftung«, von der Freude am Objektivieren. Viel zu wenig ist bisher im pastoralen Bewußtsein registriert worden, daß in der Adoleszenzphase bereits erste Höchstleistungen (im Beruf, im Sport, aber auch in der intellektuellen und seelischen Beanspruchung) erreicht werden. In manchen Berufen (und keineswegs nur physisch determinierten) liegt die Leistung jetzt höher als in jeder späteren Lebensphase; Söhne und Töchter leisten beruflich oft mehr als ihre Väter und Mütter »in den besten Jahren«.
Für den seelsorglichen Ansatz nicht unwichtig ist, daß die Adoleszenz von vielen jungen Menschen als Zeit des Experimentierens motiviert wird, nicht nur als Erprobung und Sammlung ihrer Leistungskräfte, sondern auch jener Lebensmöglichkeiten, zwischen denen sie sich mit Beginn der Mündigkeit entscheiden müssen. Es wäre falsch, diese Altersgruppe auf eine bestimmte religiöse Denkart oder Richtung zu fixieren. So gibt es z. B. nicht »die« typische Liturgie für dieses Alter; wohl aber ist Interesse an einer »Experimental-Liturgie« akut.
Entscheidend für die pastorale Relevanz dieser Phase ist die Tatsache, daß in dieser Phase (und nicht erst in der 1. Erwachsenenphase zwischen dem 21./23. und 30./32.

---

[12] R. Guardini, Die Lebensalter, Würzburg o. J.
[13] M. Moers, Entwicklungsphasen des menschlichen Lebens, Ratingen 1953.

Lebensjahr) die *großen Lebensentscheidungen* getroffen werden: die über den Beruf ebenso wie über die Wahl des Ehepartners, über die Familiengröße, über die geistig-religiöse Grundrichtung, über das künftige Milieu und den Wohnort, über die politische Grundrichtung und das Bildungsniveau. – Die Seelsorge hat eine wichtige Hilfe bei diesen Entscheidungen zu bieten. Jetzt geht es um eine »Weichenstellung«, die in der Regel nicht vor dem fünften Lebensjahrzehnt (wenn überhaupt) geändert wird.
Das Gewissen übernimmt jetzt als Kontrollinstanz jene Funktion, um die sich bisher die Erzieher zu kümmern hatten, von denen der Adoleszent sich im Prozeß der Verselbständigung löst. Selbstverantwortung wird zur Probe auf die Erwachsenheit. Das ist der Grund dafür, daß der Adoleszent nicht »fertige« Meinungen übernehmen will, sondern – auch in religiöser Hinsicht – Materialien zu selbstverantwortlicher Entscheidung angeboten haben möchte. Jedes »autoritative« Einreden ist fehl am Platze. Das gilt in ganz besonderem Maße für die pastorale Einflußnahme auf die Wahl des Ehepartners und auf die Familiengründung: Es ist pastoral klüger und wirkungsvoller, auf eine spezifische Pastoral für junge Paare und Brautleute zu verzichten, und zwar zugunsten einer entsprechenden *Bildung* (die informiert und empfiehlt, statt Gebote und Verbote aufzuerlegen), als jetzt den Selbständigkeitsdrang des Heranwachsenden mit dem Kodex »fester« kirchlicher Vorschriften in Sexual-, Ehe- und Familienfragen zu konfrontieren. Es ist klar, daß gerade die Brautleutebildung jetzt ideale Ansatzmöglichkeiten für eine »indirekte«, sehr dezent und klug vorgehende Seelsorge bietet. Aber es darf auf keinen Fall »Jugendseelsorge« traditioneller Art sein.
Zu den Stilwidrigkeiten einer psychologisch uninformierten Seelsorgspraxis gehört es, daß die psychische Zäsur, die etwa beim 18./19. Lebensjahr liegt, nicht beachtet wird und daß Heranwachsende wie Jungen und Mädchen behandelt werden. Vieles spricht dafür, die Jugendseelsorge spätestens mit dem 19. Lebensjahr enden zu lassen. Bei mehr psychologischer Orientierung würde es den Seelsorger nicht verwundern können, daß junge Leute ab 17, 18

Jahren an den üblichen Veranstaltungen der Jugendseelsorge nicht mehr teilnehmen und auch als Mitglieder von Jugendorganisationen passiv werden bzw. austreten. Das liegt meist nicht an einer grundsätzlichen Ablehnung der Kirche oder des Glaubens, sondern bedeutet Aversion gegenüber einem Stil von Jugendseelsorge und -bildung, der jetzt nicht mehr adäquat ist.

Falls eine nach Geschlechtern getrennte Seelsorge, wie sie durch eine bestimmte »Zwei-Säulen-Theorie« der Jugendseelsorge allzu lange beibehalten worden ist, endgültig aufhören muß, dann ist es jetzt – mit Beginn der Nachreife. Wenn junge Leute von jetzt ab »liberalere« Behandlungsformen wünschen (so z. B. clubartige und nicht mehr vereinsartige Gemeinschaften), so ist das kein Indiz für das Abwerfen von nötigen religiösen und geistigen Bindungen, sondern dafür, daß von jetzt ab mehr und mehr Selbständigkeit und -verantwortung geprobt wird. Von jetzt an noch ein »sittliches Gefahrenmoment« in der »koedukativen« Seelsorge und Bildung zu sehen, wäre töricht.

Wenn heute zu fordern ist, daß beide Geschlechter möglichst in gemeinsamen Formen der Pastoral anzusprechen sind, so ist das nicht ein Zugeständnis an eine Mode der Egalisierung der Geschlechter, sondern eine Konsequenz aus der Umstellung der Gesellschaft auf *Partnerschaft*. Diese bedeutet ja praktisch einen Vorteil für die Frau, weil dieser viele neue Lebensfelder geöffnet worden sind und eine nicht länger zu rechtfertigende Privilegierung des Mannes überwunden werden konnte. Es wäre völlig ungerecht, in die neuen, gemeinsamen Pastoralformen für Jugendliche und Adoleszenten den Verdacht hineinzutragen, hier sollten Frauen vermännlicht, Männer feminisiert werden. In der Tat hat das Verhältnis der Geschlechter manches von früherer Gespanntheit verloren, ohne daß freilich eine gesunde Polarität der Interessen und Verhaltensweisen preisgegeben worden wäre.

Im Verhältnis der jungen Männer und Frauen ist eine Haltung neuer Sachlichkeit zur Geltung gekommen, die es z. B. (was früher undenkbar war) in der Pastoral und Bildung für Brautleute ermöglicht, Intimfragen oder Probleme medizinischer und hygienischer Art in gemeinsamen

Veranstaltungen zu erörtern. Diese neue Sachlichkeit darf aber nicht mit Gefühlskälte oder Verkümmerung der Sensibilität verwechselt werden.

Da die Brautleute-Pastoral und -Bildung weitgehend Angehörige der Adolenszenzphase umfaßt, ist dieser Bereich kirchlicher Lebenshilfe heute in besonderem Maße Testfeld dafür, ob und inwiefern die Kirche dieser Phase gerecht zu werden vermag. Früher wurde davon ausgegangen, daß die jungen Liebenden – gleich wie es um ihren Reifegrad bestellt war – spezifisch sexuelle Erfahrungen noch nicht gemacht haben durften; die Belehrung konzentrierte sich daher auf Normierung zukünftigen Verhaltens; heute muß sie dagegen die Vorerfahrung aufgreifen, sichten und klären helfen; Maßstäbe werden dabei von den jungen Leuten nur insofern akzeptiert werden, als sie rational einsichtig sind und eine persönliche Hilfe bewirkt wird. Aber zugleich wird verlangt, daß diese Maßstäbe offen genug sind, um eine ganz persönliche Tönung des Liebeskontakts und eine freie Entscheidung über dessen Art zu ermöglichen.

Pastoraler Dienst muß sich durch ein subtiles Feingefühl auch und gerade dort auszeichnen, wo Störungen oder gar Fehler im Geschlechterverhältnis entstanden sind und die jungen Liebenden besonders schonbedürftig geworden sind. Diskretion müßte zu den Kardinaltugenden der Jugend- und Adoleszenten-Pastoral erhoben werden.

Gerade dann, wenn bei manchen Adoleszenten mehr eine potentielle und »zögernde« Erwachsenheit (M. J. Langeveld)[14] vorhanden ist als eine voll entfaltete und geformte, sollten Seelsorge und Bildung die Werte und Haltungen der vollen Erwachsenheit jetzt mehr als später zugestehen und den jungen Menschen nicht anders behandeln als in der nachfolgenden 1. Erwachsenenphase. Die positive Gestimmtheit der Adoleszenz: das ist vielleicht der tiefste Grund dafür, daß jetzt die Seelsorge wirklich optimale Chancen wahrnehmen kann. Alles ist auf Zukunft, auf Erwartung und Entdeckung, auf In-Besitz-Nahme des »vollen« Lebens gestimmt, freilich auch noch auf Suche,

[14] M. J. Langeveld, Einführung in die theoretische Pädagogik, Stuttgart 1953, bes. 51 ff.

die in Aporien münden kann. Dies ruft bei manchen Angehörigen dieser Phase vorübergehende Unsicherheit hervor, z. B. bei Partnerverlust oder beruflichem Versagen.
Eine letzte Bemerkung: Bei nicht wenigen Angehörigen der Adoleszenzphase ist die Abneigung gegen erfahrene Formen und Haltungen der Seelsorge derart stark, daß jedwede geistliche Hilfe abgelehnt wird, wenn sie als Seelsorge bezeichnet wird; das heißt aber keineswegs, daß hier für den Seelsorger nichts zu tun sei. Wir wiesen oben darauf hin, daß ein sehr starkes Interesse an *Bildung* in dieser Phase besteht; mit dem Wunsch nach Bildung verbindet der Heranwachsende den Wunsch nach Information und Orientierung, nach Materialien zur eigenen Entscheidung. Er möchte nicht geistigem Zwang und Druck ausgesetzt sein, ist aber durchaus bereit, auch spezifisch seelsorgliche Hilfen und Informationen anzunehmen, wenn diese ihm zur freien Entscheidung offeriert werden. Mit dem Seelsorge-Bewußtsein der Adoleszenz verhält es sich ähnlich wie mit der alterstypischen Ansicht über Erziehung und Bildung: man kennt diese beiden Prozesse meist nur einseitig aus der Dimension von Pflicht und Zwang, und gerade deshalb motiviert der Heranwachsende seine Bildung jetzt als etwas, das er selbst bestimmt, initiiert und beurteilt sowohl hinsichtlich der Zielsetzung als auch der Inhalte und Methoden. Daß die Adoleszenzphase optimal bildungsaktiv ist, ermißt man daran, daß etwa 35 Prozent derer, die an der organisierten Erwachsenenbildung teilnehmen, junge Menschen zwischen 17 Jahren und 21 Jahren sind.
In welchen *Formen* sollte die Pastoral versuchen, die Angehörigen der Adoleszenzphase religiös zu engagieren?
Die großen *Bildungs*chancen, die die Adoleszenz vor anderen Lebensphasen auszeichnen, müssen in den Einrichtungen der kirchlichen Weiterbildung ungleich stärker als bisher genutzt werden. Die einzige Institutionalform kirchlicher Weiterbildung, die das tut, was wir auch für Akademien und andere Einrichtungen fordern müssen, sind die Heimvolkshochschulen, vor allem im ländlichen Bereich. In den kirchlichen Akademien hingegen sieht man in der Gesamtteilnehmerzahl nur eine Teilgruppe der

Adoleszenten relativ stark, nämlich die Primaner, für die es ja eigene »Primaner-Akademien« (Tagungen und Studienwochen) gibt. So wie man die Primaner mit »Reizthemen« gewonnen hat (auch die mit großen Vorbehalten gegenüber Kirche und Christentum), so könnte es mit anderen Berufs- und Bildungsgruppen der Adoleszenten auch geschehen. Die kirchlichen Akademien haben dieser Altersphase noch nicht genug ein phasenspezifisches Angebot unterbreitet. Sie sollten das Versäumte bald nachholen. Hier können in Tagungen mit viel Gruppenarbeit, ja mit eigener Gruppendynamik all die Schwierigkeiten und Vorurteile in religiösen Lebensfragen »verdaut« werden, die sich während der Pubertät angestaut haben, ohne daß viele Pubeszenten bereit waren, Antworten von der Kirche anzunehmen. Was man Pubeszenten an kirchlicher Glaubenseinsicht nicht übermitteln kann, nehmen Adoleszenten durchaus an, nicht unkritisch, aber interessiert an »Baumaterial« für ihr Lebens- und Weltbild, das sich jetzt ausformt.

Die sogenannte *»Brautleutebildung«*, die ja größtenteils Adoleszenten umfaßt, macht heute schlaglichtartig klar, was bei der pastoralen Betreuung der Adoleszenten noch fehlt: Sie kommen zu den Brautleutekursen, nehmen die kirchlichen Lehren über Liebe, Ehe und Familie jedoch weitgehend mit lächelnder Skepsis entgegen; es gibt jetzt nicht die offene Rebellion oder den lauten Protest, den man bei Pubeszenten hören kann, wenn »konservative« kirchliche Lehren zu Sexualität und Liebe vorgetragen werden. Weshalb das, was wir lächelnde Skepsis nennen? Sie hat ihren tiefen Grund darin, daß manche der Lehren, die kirchenoffiziell den jungen Brautleuten vermittelt werden, die wirklichen Lebens- und Liebesprobleme dieser jungen Menschen total verfehlen, so etwa die Probleme des vorehelichen Kontaktes, der Familienplanung und Geburtenregelung, aber – was bedrückender ist – auch die Fragen nach der gesamtmenschlichen Bejahung der Geschlechterliebe.

Im Grunde bietet die Arbeit mit den Brautleuten die ideale Chance, im Bewußtsein und im Gefühl junger Menschen die weiten und kühnen Konturen einer Liebesauffassung einzuzeichnen, die auf absolutem Vertrauen zu Gott wie zum geliebten Partner beruht, auf den menschlich und nicht bloß doktrinär garantierten Verbindlichkeiten der Zusammengehörigkeit, auf realistischem Verständnis von Individualität und Personalität, auf höherer Schätzung dieser Grundhaltungen als der moralistischen Verhaltenskasuistik, die von freier Entscheidung eher ablenkt als zu ihr hinführt.

Als dritte pastorale Ansatzmöglichkeit neben der kirchlichen Bildungsarbeit und der Brautleutebildung für die Adoleszenzphase nennen wir das *individuelle Gespräch* des Priesters mit Adoleszenten: Die weitgehende Verschlossenheit gegenüber priesterlichem Zuspruch, die in der auf Opposition und Dissens eingestellten Pubertät vorherrschte, ist jetzt geschwunden; der Adoleszent ist offen und aufnahmefähig – seine Fragen sind konkret.

Als vierte Form nennen wir die *stärkere Mitverantwortung der Adoleszenten in den Pfarrgemeinderäten und anderen Leitungsgremien.* Diese Gruppe ist bisher im kirchlichen Verantwortungsbereich zu wenig in die Mitverantwortung einbezogen worden und tritt deshalb auch rein optisch zu wenig in Erscheinung, als handle es sich hier um eine Phase der sozialen Abkapselung. Genau das Gegenteil ist ja der Fall: die Öffnung für das Engagement in sozialen Strukturen. In gewissem Kontrast zur eben genannten Forderung steht die Erfahrung, daß Adoleszenten noch mehr als Pubeszenten *neue Formen der Gruppenliturgie* favorisieren, so z. B. die Eucharistiefeier im Kleinkreis, im Gruppenraum und allerlei Stellen, die eben nicht »Kirchenraum« in üblichem Sinne sind. Eine ähnliche Erfahrung mit dem Liturgiebewußtsein von Adoleszenten konnte man in den Hochzeiten der Jugendbewegung und der Liturgischen Bewegung machen: Gruppenliturgie galt hier und kann auch heute gelten als eine Art von liturgischem Experimentierfeld. Was in der regulären Gemeindeliturgie nicht oder nur mit Hindernissen an liturgischer Neuerung realisiert werden kann, findet in Gruppenräumen (und auch der Berggipfel nach der Gratwanderung kann ein »Gruppenraum« sein) seine Erfüllung.

Wo eben möglich, sollte sich aber der Wunsch nach dem

Neuen in der Liturgie von der Gruppe in die ganze Gemeinde verlagern lassen.
Obgleich die Brautleutebildung die hohe Zeit der Ehevorbereitung mittels Bildung ist, ist bei ihr doch davon auszugehen, daß sie mit dem Verlauf einer die ganze Kindheit und Jugendzeit motivartig durchziehenden *Erziehung zur Ehe* rechnen muß. Die beste und normale Eheerziehung ist die Erfahrung des jungen Menschen im Eheleben der eigenen Eltern. Es gibt viele psychologische Untersuchungen darüber, daß die Erlebnisse, die ein junger Mensch im Elternhaus mit einer besonders krisenhaften oder gar zerbrechenden Ehe gemacht hat, ihn hinsichtlich eigener Eheentscheidungen skeptisch oder gar negativ disponieren.
Je mehr junge Brautleute eine glückliche Ehe im Leben ihrer Eltern kennengelernt haben, um so mehr empfinden sie bestimmte Veranstaltungen und Informationsangebote der Brautleutekurse als überflüssig oder gar künstlich. Die Brautleutebildung sollte also mit einem Erfahrungs-Apriori der Teilnehmer rechnen und – zumindest in der Eingangsstufe des jeweiligen Kurses – die Vorerfahrungen aufarbeiten, die die Brautleute bisher mit den Ehen ihrer Eltern, Berufskollegen usw. gemacht haben. Ein Blick in die einschlägige Literatur der Brautleutebildung zeigt, daß gelegentlich von einer Art »Nullpunktsituation« ausgegangen wird, die für manche Teilnehmer fiktiv und unrealistisch ist. Selbst wenn Negativerfahrungen vorliegen, können diese ein günstigerer Einstieg zur Erörterung eines realistischen »Leitbildes« von der Ehe sein, als wenn sogleich ein Idealbild gezeichnet wird, durch das sich manche Brautleute überfordert fühlen.
Es sollte nicht vergessen werden, gerade in den eigentlichen Pubertätsjahren (etwa im 8. und 9. Schuljahr) das Thema »Ehe« auch im Religionsunterricht zu behandeln; es darf nicht völlig dem Sozialkundeunterricht überlassen bleiben.

2.4 *Erste Erwachsenenphase*

Bewirkte die Pubertät bei vielen jungen Menschen eine Distanzierung gegenüber der Religion (und zwar derjenigen ihrer Kindheit, ihrer Familie und ihrer Schule), so bietet sich in der Adoleszenz wie mehr noch in der 1. Erwachsenenphase (21./23. bis 30./32. Lebensjahr) eine Chance, der Religion neu zu begegnen, und zwar in einer selbstgewählten Form, in Art freier Zustimmung und kritischer Prüfung. Es kann u. U. die »alte« Religion wiedergefunden werden, wie sie in Herkunftsfamilie und Pflichtschule erfahren wurde; meist ist es eine neue Art Religiosität, die jetzt erprobt bzw. stabilisiert wird.

Die Datierung der Phase zeigt, daß diese sich mit der Adoleszenzphase überschneiden kann; in der Regel setzt der Phasenübergang bei Frauen jeweils ein bis zwei Jahre früher ein als bei Männern.

Wegen eines »überschäumenden Lebens- und Kraftgefühls«, dem erst gegen Ende des dritten Lebensjahrzehnts eine »Harmonie der Kräfte« folgt, empfinden viele Menschen diese neue Phase in Habitus und Erlebnisweise noch als relativ »jugendbewegt« (H. Moers), zugleich aber als »Zeit der Suche nach dem Eigentlichen«, nach »Verwirklichung dessen, was dem Leben seinen höchsten Sinn verleiht«. Der volle Besitz der Mündigkeit (auch der geistigen und sozialen und nicht nur der rechtlich-politischen) schafft ein Personbewußtsein, wie es früher und später in einer solchen inneren Festigkeit nicht mehr erlebt wird.

Zweifellos tritt eine Saturierung des Lebensdranges dadurch ein, daß der junge Erwachsene jetzt bereits bestimmte Ziele erreicht hat, die er lange als »volles« Leben angestrebt hat; man denke nur an die Wichtigkeit der sexuellen Daseinserfüllung gerade in dieser Phase, ferner an die ersten Erfolge bei der Erreichung der gewünschten beruflichen und gesellschaftlichen Position. Die 1. Erwachsenenphase kennt nicht die für die Adoleszenz charakteristische Übergangs-Athmosphäre, das Gefühl des »Interim«.

Aus dem Faktum der teilweisen Saturierung werden recht verschiedene pastorale Konsequenzen gezogen. Die einen Seelsorger meinen, gerade die beginnende Zufriedenheit und Wunscherfüllung bewirke eine starke Privatisierung und Intimisierung des menschlichen Lebens; zumal in der Frühphase der Ehe und der Aufbauphase der Familie sei das Außeninteresse minimal, und eine psychologisch verständliche Isolierung behindere die Ansatzmöglichkeiten der Seelsorge; diese werde in dieser Phase nur recht punktuell und sporadisch (wenn überhaupt) angefordert, so z. B. bei Ehevorbereitung und Trauung sowie bei Kindtaufen. Diejenigen, die so argumentieren, sehen sich durch die Behauptung bestätigt, auch an der Weiterbildung sei der Mensch in seinem dritten Lebensjahrzehnt kaum interessiert.

Die Statistik führt hier einen klaren Gegenbeweis: Die 21- bis 30jährigen partizipieren an der Gesamtteilnehmerzahl der organisierten Erwachsenenbildung mit etwa 36 Prozent bei den Männern und 29,3 Prozent bei den Frauen.[15] Die 21- bis 25jährigen sind dabei mit 21 bzw. 16 Prozent vertreten, die 26- bis 30jährigen mit etwa 14 bzw. 12 Prozent. Keine andere Erwachsenenphase weist eine so starke Beteiligung auf wie diese. Es wäre falsch, diese Phase als statisch und stagnativ zu interpretieren. Starkes Bildungsinteresse ist aber stets Zeichen einer allgemeinen geistigen Offenheit, und von dieser kann auch die Seelsorge und das religiöse Leben profitieren, wenn die adäquaten Methoden angewandt werden, vor allem in Form von Beratung beim Aufbau der Ehe und Familie, beim Einleben in ein neues Milieu, beim Suchen neuer mitmenschlicher Kontakte.

Es wäre falsch zu erwarten, daß das religiöse Interesse sich stets losgelöst von den Lebensbezügen äußern sollte, sozusagen »an sich«; in dieser Phase ist es konkretisiert in jenen Fragen, die sich aus Partnerwahl und Ehe, Familie und Beruf, Milieuwechsel und beruflicher Sicherung ergeben. Ideal wäre, wenn diejenigen Geistlichen, die in der Zeit der Brautleutebildung und der Trauung Kontakt zu jungen Erwachsenen haben, derjenigen Pfarrei ein »Signal« geben würden, in der die jungen Eheleute ihre Wohnung nehmen wollen, und hier müßte der Besuch des Pfarrers oder eines seiner Mitarbeiter die Antwort auf das »Signal« sein. Selbst diejenigen jungen Erwachsenen, die nicht (noch nicht oder nicht mehr) am Gottesdienst der Gemeinde teil-

---

[15] Vgl. hierzu F. Pöggeler, Probleme der Altersgruppierung in der Erwachsenenbildung, in: Kulturarbeit, Heft 10 (1957) 192 bis 197.

zunehmen gewillt sind, lassen sich bei geschickter Methode durchaus für Gesprächskreise mit anderen jungen Erwachsenen gewinnen, und das um so mehr, je informeller diese Kreise sind und je mehr hier offenes Problembewußtsein herrscht, statt daß stillschweigend mit »guten« Katholiken gerechnet wird.

Spezialseelsorge für Ehe und Familie sind für die Angehörigen dieser 1. Erwachsenenphase vordringlich, und ein pauschales Ansprechen hilft hier nur wenig. (Ein persönliches Ansprechen, so wie es diese Phase wünscht und wünschenswert erscheinen läßt, ist beim Gros der Angehörigen der 2. Erwachsenenphase keineswegs gefragt, wie noch zu erklären sein wird.)

Diejenigen jungen Erwachsenen, die in dieser Phase zur Kirche einen bewußten und ständigen Kontakt wünschen, erwarten viel von der Art und Weise, wie die Kirche Liturgie und Seelsorge gestaltet. Ja, nicht selten wird eine gewisse Mustergültigkeit verlangt, und wo sie nicht geboten wird, kommt es zu einer harten Kritik, zumal wenn es um Liturgie und Predigt geht. Der Seelsorger sollte das nicht negativ deuten; denn er mag daran erkennen, daß hier noch an Optimierung gedacht und ein hoher Maßstab gewünscht wird.

Natürlich gibt es unter den Angehörigen der 1. Erwachsenenphase auch jene Gruppe, die – obgleich ursprünglich christlich erzogen und unterwiesen – bei der Lebensplanung christliche Überlegungen und Maßstäbe nicht berücksichtigt hat. Diese Gruppe pastoral einfach »abzubuchen« und als »abständig« zu deklarieren, wäre primitiv.

Ein neuer Kontakt zu dieser Gruppe wird auf dem »Umweg« über die Kindererziehung möglich, vor allem wenn es um die Gestaltung des schulischen Religionsunterrichts sowie der Vorbereitung der Teilnahme an Eucharistie- und Bußsakrament geht. Es sollte einmal pastoral-ethisch exakt ermittelt werden, wie viele derjenigen Menschen, die nach Ableistung der Pflichtschulzeit nicht mehr am Leben der Kirche teilgenommen haben, in der 1. Erwachsenenphase neu erreicht werden. Und bei entsprechender Methodenwahl ließen sich noch viele neu ansprechen.

2.5 *Zweite Erwachsenenphase*

Nach landläufiger Vorstellung gehören zur »mittleren Generation« vor allem die Menschen zwischen dem 30. und 50. Lebensjahr. Der anthropologische Befund zeigt jedoch, daß es die Einheitlichkeit und Geschlossenheit einer »mittleren Generation« nicht gibt. Die vielleicht wichtigste Zäsur des menschlichen Lebens, die sogenannte »Lebenswende«, wird zwischen dem 43. und 45. Lebensjahr erreicht. Bis dahin (vom 30./32. Lebensjahr an) reicht die 2. Erwachsenenphase. Noch viel zu wenig ist im allgemeinen Verständnis des Lebenslaufes bekannt, daß gerade mitten in jener Zeit, die man für »die besten Jahre unseres Lebens« hält (nämlich die Vierzigerjahre), die schärfste Lebenskrise durchzustehen ist.[16] Über die Bedeutung der Krisen im Lebenslauf wird hernach noch zu handeln sein.

Die 2. Phase des mündigen Lebens gilt als Zeit geballter Kraft, maximaler Zufriedenheit und Erfüllung. Es gehört zum Selbstverständnis dieser Zeit, »mitten im Leben« zu stehen und dessen Höhepunkt zu erreichen. Die bereits in der 1. Erwachsenenphase spürbare Saturierung steigert sich jetzt noch. Das Gefühl der Daseinssicherheit ist – abgesehen von der Naivität der Kindheit – in keinem Lebensabschnitt so dominant wie jetzt. Das Selbstwertgefühl bewirkt in manchen Angehörigen dieser Phase eine starke Extrovertiertheit ihres Handelns. Zumal das Berufs- und Sozial-*Prestige* wird jetzt gegenüber anderen Werthaltungen prävalent.

Ähnlich wie für die Weiterbildung[17], bestehen jetzt für die Seelsorge geringere Chancen – oder zumindest nur geringe Interessen seitens der Menschen dieses Lebensalters. Das ist psychologisch verständlich: Die maximale Zufriedenheit und Sicherheit, die jetzt gefühlt wird, läßt zusätzliche Hilfen, eben auch pastorale, weithin unnötig erscheinen. Lediglich in der zweiten Hälfte der Dreißigerjahre ergeben sich – zumal bei Frauen – Insuffizienzgefühle, die auf begin-

---

[16] Vgl. hierzu F. Pöggeler, aaO. 152–211; dort auch weiterführende Literatur.

[17] Nur ca. 8 bis 10 Prozent Anteil der 30- bis 40jährigen an der Gesamtteilnehmerzahl der Erwachsenenbildung.

nende Alterung bzw. Begrenzung der Wunscherfüllung hindeuten.
Es wäre gut, religiöse Einstellungen gerade der 2. Erwachsenenphase durch die Pastoralsoziologie und -psychologie empirisch untersuchen zu lassen, und zwar unter Benutzung der Statistik der Kirchenbesucher. Vielleicht handelt es sich nur um ein *scheinbares* religiöses Desinteresse, das durch eine bestimmte Einseitigkeit im Stil der Pastoral verursacht wird, durch eine Pastoral, die zu wenig die religiöse Relevanz und den religiösen Gehalt des säkularen Dienstes und Wirkens übersieht und als Kriterium von Religiosität und Christlichkeit zu sehr eine Innerlichkeit und Weltdistanz voraussetzt, die gerade von den Angehörigen der 2. Erwachsenenphase nicht geschätzt werden.
Es müßte ferner geprüft werden, ob eine gewisse Aversion der »mittleren Generation« dadurch provoziert wird, daß kirchliche Amtsstellen und Amtsträger gelegentlich durch allzu konkrete Äußerungen (»Hirtenbriefe« usw.) den Freiraum des Entscheidens begrenzen wollen; das gilt sowohl bei Äußerungen zu akuten Fragen der Politik wie auch zu Problemen der Ehe, der Familienplanung und der Erziehung. An diese Art von Indoktrination muß die Frage gestellt werden, ob sie sich angesichts des heute erreichten Grades an Mündigkeit, Freiheit und Verantwortung überhaupt noch dulden lassen. Wenn irgendwann, dann haben sich pastorale Dienste jetzt in Form von Offerten – ohne jede Aufdringlichkeit und Apodiktik – zu erweisen.
Gewiß hat die Kirche die Pflicht, ihre Verkündigung als verbindlich aufzufassen und wahrzunehmen; mit der Tatsache, daß sie ihre Lehren und Hilfen *offeriert* statt oktroyiert, verliert die Verkündigung keineswegs den Charakter der Verbindlichkeit. Offerieren heißt, die Werthaftigkeit der Glaubenserkenntnis und der pastoralen Dienste in jenen Modi aufleuchten zu lassen und attraktiv zu machen, die heute üblich sind und ohne die in einer Wertekonkurrenz mit anderen Institutionen nicht verkündet und geholfen werden kann. Es muß in der Pastoral noch sehr viel getan werden, um von den Gewohnheiten und Taktiken des Oktroyierens loszukommen und die Dimension des

Angebots als eine des mündigen Menschseins zur Geltung zu bringen. Die Botschaft Christi würde bei heilsbedürftigen und heilswilligen Menschen besser »ankommen«, wenn die Verkündigungspraxis die Verständnismöglichkeiten und -mittel des heutigen Menschen subtiler wahrnehmen würde.

Ist schon hinreichend versucht worden, die »mittlere Generation« mit Verantwortung und Aufgaben in der Kirche zu betrauen? So wie diese Altersgruppe in allen möglichen gesellschaftlichen Bereichen maximal *engagiert* ist, sollte man sie auch in der Kirche stärker als bisher engagieren, wobei Rechtgläubigkeit oder kirchlicher »Gehorsam« im traditionellen Sinn keineswegs abverlangt werden sollten.

Außerdem wäre zu bedenken, daß es richtiger ist, die Pastoral würde den Menschen dieser Altersschicht an den Orten seines Wirkens ansprechen, statt ihn zu sich in den »innerkirchlichen« Raum zu rufen. So könnte z. B. die Berufspastoral für diese Phase eine dominante Rolle spielen, und sie würde als Hilfe gewiß bejaht werden.

Wenn man unterstellt, daß die 2. Phase die Fähigkeit und das Interesse zu *Management* und *Organisation* besonders in Aktion setzt, wäre es ein Gebot pastoraler Klugheit, Angehörigen dieser Gruppe entsprechende Aufgaben zu stellen, z. B. an der Schaffung eines neuen Kindergartens, eines Helferdienstes für alte Menschen u. a. m. organisierend teilzunehmen.

Wenig nützen würde der Versuch, den Angehörigen der 2. Erwachsenenphase religiöses Interesse dadurch abzunötigen, daß man Mangel- und Sorgebewußtsein erzeugt. Schließlich ist pastoral zu bedenken, daß diese Phase auch die Zeit der maximalen beruflichen, familiären und gesellschaftlichen *Belastung* vieler Erwachsener ist, die stark engagiert und gebunden sind, was natürlich ihren Freiheitsraum beschränkt.

Es wäre psychologisch ungeschickt, die 30- bis 40jährigen in Richtung auf Schuld und Sünde anzusprechen, um eine stärkere Teilnahme am Bußsakrament zu erwirken. Daß dieses Sakrament in dieser Phase fast gar nicht gefragt ist, hat seinen biographischen Grund. Es ist also nicht »Schuld«

des Menschen, daß er in diesem Alter religiös besonders wenig ansprechbar ist.
Hier kann sich für manchen Pastoralpraktiker die Frage stellen, ob denn der Ruf nach Umkehr nicht so wesensnotwendig zur Verkündigung der Botschaft Christi gehöre, daß man ihn nicht aus phasenpsychologischen Opportunitätsgründen kaschieren oder gar preisgeben, für eine Phase aussetzen könne. Da Pastoral großenteils »an alle« gerichtet und eben nicht phasenspezifisch orientiert ist, erreicht der Ruf von der Umkehr natürlich auch die Angehörigen der »mittleren Generation«; aber der Pastoralpraktiker muß Verständnis dafür haben, daß der Ruf jetzt nicht so deutlich vernommen wird wie in anderen Lebensabschnitten.
Sicherlich hat sich die Verkündigung nicht nur nach dem Adressaten zu richten, sondern auch nach ihrem Auftrag, die Lehre Christi ohne Rücksicht darauf zu sagen, ob sie gelegen oder ungelegen erscheint. Es kann auch eine der altersspezifischen Aufgaben moderner Pastoral sein, gewisse Schocks auf die »mittlere Generation« auszustrahlen, um gerade diese mitten im Leben stehende Gruppe wachzurütteln und von einer gewissen Selbstzufriedenheit zu lösen. Aber diese »Schockpastoral« darf wiederum nicht so weit gehen, daß der pastorale Kontakt vom Adressaten absichtlich unterbrochen wird; der Adressat muß wirklich *erreichbar* bleiben. Offenbar hat sich die Pastoralpraxis bisher von der erschreckend weitgehenden Abwesenheit der »mittleren Generation« vom kirchlichen Leben noch nicht genug beunruhigen lassen. Wir versäumen hier nicht zu betonen: Das relativ starke Desinteresse der zweiten Erwachsenenphase an Sünde und Schuld, an Umkehr und Besserung ist kein »Naturgesetz«, so wie es im psychischen Bereich überhaupt keine unabänderlichen »Gesetze« des Verhaltens gibt; jeder Menschenkenner weiß, daß z. B. das Erlebnis von Krankheit und Katastrophe, von Unglück und Krieg auch in den Angehörigen der »mittleren Generation« Grenzfragen aufwirft, die in friedlichen und glücklichen Lebensumständen von dieser Altersphase nur wenig gestellt werden.

Das »Metanoeite« ist zwar ein Wesensbestandteil christlicher Heilslehre, aber eben nicht der einzige, und er muß ins rechte Verhältnis zu anderen Aspekten und Perspektiven, Forderungen und Motiven des Christseins gestellt werden, so z. B. zum Hauptgebot der Liebe.
Freilich sollte überprüft werden, ob das relative religiöse Desinteresse in diesem Lebensabschnitt darin begründet ist, daß Religiosität zu einseitig auf eine Art Abhängigkeits-, Gesetzes-, Schuld- und Vergebungshaltung abgestellt ist, zu wenig aber auf Sinngebung eines erfüllten oder sich erfüllenden, begrenzenden Daseins. Die Tat- und Leistungshaltung dieser Phase schließt das Verständnis einer Leidens- und Insuffizienz-Religiosität fast völlig aus, auch eine Religiosität, die »Kindlichkeit«, Abhängigkeit und Unselbständigkeit verlangt. Bildvorstellungen wie die von »Hirt und Herde«, von »Gotteskindschaft« und der »Vaterschaft Gottes«, von der »Mutter Kirche« oder den (heute gottlob überwundenen) »Pfarrkindern« widersprechen der Denkhaltung modernen Erwachsenseins. Ein neuer pastoraler Ansatz für diese Altersphase scheint noch nicht gefunden zu sein; vermutlich könnte hier eine Religion der Tat und der Mündigkeit wichtig sein.
Im allgemeinen sind gerade in der zweiten Erwachsenenphase *Krisen* selten; eine Form, in der sie jetzt auftauchen, sind Krisen und Schwierigkeiten in der *Ehe*. Während das dritte Lebensjahrzehnt für viele Menschen die vorrangige Zeit der Eheschließung und der Entfaltung bzw. Stabilisierung ehelicher Haltungen ist, werden heute eheliche Abnutzungserscheinungen nach spätestens zehn Ehejahren für normal gehalten. Oder man hält sich an die vulgäre, durch keine Statistiken beweisbare Formel vom »verflixten siebten Jahr«, dem eine fast schicksalhafte Entscheidungsfunktion zugewiesen wird. Der eigentlich problematische Hintergrund dieser Vulgärauffassung ist vermutlich dieser: Die Ehe wird weitgehend als eine »natürliche« Sozialform insofern aufgefaßt, als man unterstellt, sie werde ebenso »alt« oder »überholt« wie alles, was organischen Wachstumsgesetzen unterworfen ist; man setzt die eheliche Gemeinschaft dabei in Relation etwa zum pflanzlichen Wachstum und beachtet nicht genug, daß eine Ehe durch Geistig-

keit, durch Verantwortung füreinander, ja durch (religiös motivierte) Spiritualität ihren Sinn und ihre Bindekraft erhält. Zugleich wird übersehen, daß es in der Ehe immer wieder darum geht, daß die Partner für- und miteinander *Entscheidungen* treffen, die die eheliche Zusammengehörigkeit stärker erneuern und aktivieren können, als es durch hygienische oder kosmetische Verjüngungsversuche gelingen kann.

Bei einer rein organischen, morphologischen Denkweise »muß« eine Ehe nach einer Reihe von Jahren »veralten«, so daß sich der Wunsch nach Partnerwechsel (bei Aufhebung der bisherigen Ehe) oder Partnertausch (bei Beibehaltung der bisherigen Ehe) geltend macht. Genährt wird diese Auffassung dadurch, daß in der Ehe, wie in allen Lebensbereichen, höhere und verfeinerte Konsumbedürfnisse wirksam sind, die sich z. B. durch Vergrößerung des Raffinements der Sexualbeziehungen auswirken können. Es ist Sache der Seelsorge, aufzuzeigen, was die wirklich lohnenden Bindekräfte und die tragenden Werte der monogamischen Ehegemeinschaft sind. Nicht die Ehe als solche wird in entstehenden Schwierigkeiten abgelehnt, sondern die monogamische, das heißt auch: die jeweils bestehende Ehe; Scheidungsstatistiken weisen aus, daß nicht das Zerbrechen der Erstehe, sondern der Wunsch nach Zweitehe zentrales Motiv der Scheidung ist. Die pastorale Begründung der monogamischen Ehe muß diesen Sachverhalt stärker bedenken.

Übrigens sollte auch folgendes nicht unbedacht bleiben: Schwierigkeiten und Krisen in manchen Ehen, deren Partner in der zweiten Erwachsenenphase leben, haben ihren Ursprung in überhöhten Erwartungshaltungen vor bzw. kurz nach der Eheschließung. Die Ehe ist einfach zu idealistisch bzw. zu illusionär erschienen, so daß Krisengefühle aufkommen, sobald sich Ideal und Illusion nicht bewahrheiten. Ein Blick in manche Dokumente zur kirchlichen Eheverkündigung zeigt, daß auch hier der Fehler übertriebener Idealanforderung begangen worden ist: Eine Ehe, die völlig ohne Krisen und Schwierigkeiten gedacht wird, läßt Krisen und Schwierigkeiten als Fehler oder gar als Sünde, als Sinnverfehlung erscheinen, sobald

die Kraft der Partner nicht mehr ausreicht, um das vorgegebene Ideal einzuhalten.
Deshalb kann eine moderne Ehepastoral gar nicht realistisch genug ansetzen. Sie ist dann eine wirkliche Hilfe, wenn sie zeigt, wie trotz der Schwierigkeiten und Krisen Ehe gelebt werden kann. Das »Leben mit dem Konflikt« sollte zwar nicht Dauerzustand werden, aber es muß in die Eheerwartung eingebaut werden.
Gerade in der zweiten Erwachsenenphase kommt es darauf an, die einzelne Ehe nicht zu isolieren, sondern sie in andere Sozialstrukturen zu integrieren. Kreise von Ehepartnern innerhalb der kirchlichen Gemeinde sind hier sowohl ein Stimmungsventil als auch ein Medium der Aufklärung und Ermutigung. Mitunter wird der Fehler begangen, junge Eheleute bereits in der ersten Erwachsenenphase, in den Aufbaujahren der ehelichen Gemeinschaft, für solche Kreise zu gewinnen, in einer Zeit also, in der der Wunsch nach Für-sich-Sein stark ist.
Natürlich darf man nicht außer acht lassen, daß die Sozialisationswünsche von Ehepartnern in der zweiten Erwachsenenphase auch ins Negative ausschlagen können; »Gruppensex« existiert nicht nur in Illustrierten der Regenbogenpresse. Dieses Phänomen ist schwer wissenschaftlich zu analysieren; immerhin behaupten manche Sexualforscher, daß gerade die Gruppe der 30- bis 40jährigen an dieser Kontaktform partizipieren, angeblich aus der Erfahrung, daß sich die Entfaltungsmöglichkeiten der eigenen Ehe erschöpft haben und neue Sexualstimulanz gesucht wird.

2.6 *Dritte Erwachsenenphase*

Daß das religiöse Interesse und die religiöse Aktivität mit zunehmendem Alter steigt, ist eine alte Erfahrung der Seelsorgepraxis. Zu simpel würde sie mit dem Hinweis gedeutet, wachsendes Wissen um das Lebensende wecke im Menschen eine Angst, die ihn in Gott neu Sicherheit suchen ließe. Das Problem ist komplexer.
Zwischen dem 42. und 45. Lebensjahr datiert ein zeitlich relativ kurzer Prozeß der Veränderung, der eine viel stärkere Lebensveränderung bewirkt, als sie sonst zwischen

zwei Lebensabschnitten passiert: die »Lebenswende«, die nach A. Vetter[18] als heftigste »Reifungskrisis« des menschlichen Lebens erfahren wird. Der Prozeß der Alterung beginnt, mag er im äußeren Erscheinungsbild des menschlichen Lebens auch durch viel Aktivität in Beruf und Gesellschaft, durch neue Engagements und Pläne kaschiert werden.

Mit einer merkwürdigen Verschämtheit ist diese scharfe Zäsur bisher in der vulgären Lebenslauf-Deutung verdeckt worden. Der Erwachsene fühlt jetzt, daß eine endgültige, unaufhebbare Diskrepanz zwischen Plan und Erfüllung, Wunsch und Wirklichkeit bestehenbleiben wird. Die häufiger werdende Erfahrung und Kräftebegrenzung bezieht sich primär auf die biologische und physische Kraft, allerdings auf den Willen auch.

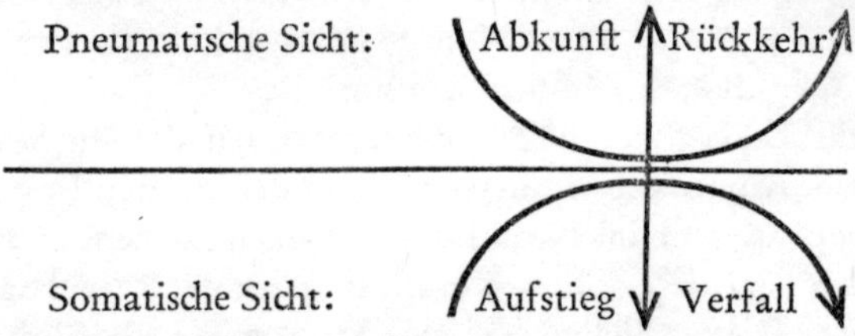

Die ganze Komplexiät der Lebenswende wird an folgendem Phänomen deutlich, auf das wiederum A. Vetter eindringlich aufmerksam gemacht hat: Während mit der Lebenswende der »somatische«, biologische Lebensbogen endgültig zu sinken beginnt, steigt der »pneumatische Bogen« – als Paradigma für die geistig-seelische Vitalität – noch bis gegen Mitte und Ende der Fünfzigerjahre auf, um sich dann in der Abwärtsbewegung des »somatischen Bogens« einzupendeln. Zur gleichen Zeit also, da die biologisch-physische Kraft (und mit ihr auch intellektuelle Kräfte wie Merk- und Gedächtnisfähigkeit) abzunehmen beginnen, steigt die geistig-seelische Vitalität weiter an, und diese wird vom Menschen um so deutlicher erlebt, als er eben seine biologisch-physische Kräfteminderung spürt. Das Interesse verlegt sich daher ganz natürlich auf geistig-seelische

[18] A. Vetter, Lebenswende als Reifungskrisis, Osnabrück o. J.

Tätigkeiten. Zu ihnen gehören religiöses Leben und Weiterbildung. Die Teilnehmerstatistiken der Erwachsenenbildung weisen aus, daß die Angehörigen der 3. Erwachsenenphase (43./44. bis 56. Lebensjahr) wieder relativ stark vertreten sind, etwa mit 15 Prozent. (Diese Zahl könnte in Relation zur Zahl der Kirchenbesucher dieser Altersgruppe gesetzt werden.) Nun darf man freilich nicht den bloßen Proporz der Prozentzahlen sehen, sondern man muß bedenken, daß etwa die Bildungsbetätigung eines 50jährigen für diesen einen größeren Kräfteaufwand erforderlich macht als die (quantitativ gleiche) Bildungsaktivität eines 20- oder 30jährigen. Insofern fällt die Prozentzahl 15, die wir eben für die 3. Lebensphase angegeben haben, stärker ins Gewicht. Im Vulgärbewußtsein wird die 3. Phase oft als die »besten Jahre des Lebens« apostrophiert. Im Grunde ist es eine Zeit der Spannung, der Grenzerfahrung und der Verunsicherung. Dynamik (auch als Bildungs- und Religionsbetätigung) ist die eine Möglichkeit, auf die beginnende Alterung zu reagieren, wachsende Nervosität und zunehmendes Kranksein die andere.

Für die Seelsorge sind weiterhin folgende Fakten wichtig: Der Mensch empfindet jetzt in besonderem Maße seine Reife als Lebenswert und kostet sie in einer neuen Selbstbesinnung und Daseinsanalyse aus, in der er einen neuen Rahmen für sein weiteres Leben zu finden sucht. In dieses neue Suchen sind nicht nur Erfahrungen wie Gesundheit und Krankheit, wie Krise und Verzicht eingeschlossen, sondern auch die grundlegenden Lebensfragen: z. B. nach dem Verhältnis des Menschen zum Mitmenschen, zu Gott, zum Lebenssinn. Weiterbildung wird jetzt mehr als je zuvor als Lebenslehre motiviert – mit eindeutig anthropologischem Schwerpunkt. Dieser ist es, der das jetzt stark aufbrechende Interesse an Medizin, Gesundheitslehre, Psychologie, Pädagogik und wohl auch Theologie erklärlich macht. (In den beiden vorhergehenden Lebensjahrzehnten, dem 3. und 4., war die Weiterbildung weitgehend auf beruflichen und gesellschaftlichen Aufstieg bezogen und nicht so wie jetzt auf eine anthropologische Mitte konzentriert.)

Wenn jetzt mehr der Mensch als die Sache interessiert,

dann leuchtet ein, daß auch der religiösen Information und Bildung sowie der Seelsorge große, neue Chancen geboten werden. Jetzt scheint wichtiger als je zuvor zu sein, daß die Seelsorge sehr subtil und mit Feingefühl für die Krisenhaftigkeit und den Orientierungscharakter dieser Phase ganz konkrete, möglichst individuelle Hilfen bietet. Das gilt auch angesichts der Tatsache, daß die Grenzerfahrung manchen Menschen die bisher bejahten Werte und Gesinnungen fragwürdig macht, auch die religiösen, so sehr, daß sich ein deprimierender Pessimismus breitmachen kann. Die Formel von den »besten Jahren des Lebens« bekommt dann einen bitter-ironischen Beigeschmack. Gelegentlich schlägt der resignative Pessimismus in eine Gier nach erneuter Vitalisierung des Lebens um, in ein forciertes Jungsein-Wollen und eine manirierte Jugendlichkeit (zumal bei Frauen), in eine skurrile »zweite Pubertät«, bei der die wahren Wertmöglichkeiten dieser Lebensphase blind verkannt werden.

Nicht wenige Menschen dieser Phase leben in einer latenten Krisenstimmung, in einer seelischen Labilität und sozialen Unsicherheit, die sie für Weltverbesserungsparolen anfällig macht. Wichtig für den Ansatz der Seelsorge ist übrigens auch, daß Berufs- bzw. Ehekrisen in diesem Lebensabschnitt häufiger sind, als meist angenommen wird. Das »gesetzte« Erscheinungsbild des Menschen in diesem Alter darf darüber nicht hinwegtäuschen.[19]

Die heutige Altersforschung hat erwiesen, daß der Mensch dieser Phase insgesamt aktiver, jünger und dynamischer erscheint als in traditionellen Klischeebildern, nach denen bereits Menschen mit 40 (oder Frauen gar mit 30) Jahren als »alt« angesehen wurden. Diese Verjüngung und Dynamisierung des Phasenbildes erklärt sich wohl vorwiegend durch die größere Lebenserwartung, die der Erhaltung der Vitalität dienen. Auf diesem Hintergrund sind euphemistische Formeln wie »Das Leben beginnt mit fünfzig«[20] anzusiedeln. Sicher ist, daß viele Menschen den der Lebens-

---

[19] Die psychiatrischen Aspekte der 2. Phase hat E. Stern besonders eindringlich dargestellt in: Der Mensch in der zweiten Lebenshälfte, Zürich 1953.

[20] H. Woltereck, Das Alter ist das zweite Leben, Stuttgart 1936.

wende folgenden Abschnitt als neuen Anfang erleben. Das gilt besonders für Frauen, die – nachdem ihre Kinder erwachsen geworden und verselbständigt sind – neu an der Betätigung in Beruf und Gesellschaft, ja an Studium und Weiterbildung interessiert sind und einen Rollenwechsel vollziehen.

Die Seelsorge hat sich neuerdings zwar stark dem »Altenproblem« (d. h. psychologisch den Menschen nach 60) zugewandt, viel zu wenig aber den Menschen der 3. Erwachsenenphase. Hier ist eine wichtige Lücke in der Pastoral-»Strategie« zu schließen.

2.7 *Vierte und fünfte Erwachsenenphase*

Die 4. Phase datiert etwa vom 56. bis 68. Jahr, die 5. vom 68. bis 80.; beide Phasen sind durch die Lösung des Menschen vom Beruf sowie durch zunehmende Entpflichtung von gesellschaftlichen Bindungen gekennzeichnet. Was für die vorherige Phase gilt, gilt auch für diese beiden: Der Mensch wirkt in ihnen heute jünger, dynamischer und aufgeschlossener, als es überlieferte »Leitbilder« vom alten Menschen wahrhaben wollten. Zumindest für die Angehörigen der 4. Phase würde es heute fast beleidigend wirken, wenn man sie – wie in älteren Schemata üblich – als »Greise« bezeichnen würde. »Mangel an Anpassung« (E. Stern) ist das eine Charakteristikum der beiden Phasen, Versuch der Selbstrechenschaft das andere. Nicht allein die Konfrontation mit dem Lebensende, die stärkere Bekanntschaft mit Krankheit steht hier im Vordergrund des Erlebens, sondern auch und primär das Bemühen, das Leben »abzurunden«, seinen Sinn zu erfüllen und abschließende Leistungen zu erbringen. Mehr und mehr Angehörige der 4. und auch manche der 5. Phase sind zwar beruflich und gesellschaftlich entpflichtet, verfügen aber durchaus noch über Leistungskräfte, denen neue Betätigungsfelder geboten werden müssen. Man denke z. B. an die immer wichtigere Funktion der Großeltern in der Rolle von Eltern-Stellvertretern, vor allem wegen der Regularisierung der Berufstätigkeit der Mütter auch von Kleinkindern.

Leider gibt es immer mehr Berufe, aus denen man bereits relativ früh ausgeschieden wird, so daß Berufsneurosen und ungewollte Untätigkeiten die Folgen sind. Der 4. und 5. Phase werden zwar landläufig als phasentypische Werte Weisheit, Ruhe, Gelassenheit, Güte und Besinnlichkeit zugeschrieben, doch darf man von daher nicht ein zu statisches Bild dieser beiden Phasen ableiten.

Das »Altenproblem« der modernen industriellen Leistungsgesellschaft ist bisher nur sehr unzureichend gelöst worden. Die Seelsorge muß sich noch überzeugendere Lösungen einfallen lassen, und das um so mehr, als das menschliche Alter offenkundig durch starkes religiöses Interesse gekennzeichnet wird. Unverantwortlich, ja inhuman wäre es, nach dem Gedanken vorzugehen, Arbeit für junge Menschen amortisiere sich mehr als die für alte – ein Grundsatz, der leider auch bereits in der Erwachsenenbildung stärker um sich gegriffen hat, als es statthaft sein sollte. Der Mensch, der ein Leben lag seinen Dienst getan hat, darf im Alter beanspruchen, daß ihm Leistungen und Hilfen durch Bildung und Seelsorge genauso zukommen wie seine Pension oder Rente.

Mit Zunahme des Alters nimmt sich der Mensch mehr Zeit für Besinnung, damit auch für Bildung und Seelsorge. (Der Zeitmangel ist für Angehörige jüngerer Altersgruppen eines der stärksten Hindernisse intellektueller und religiöser Betätigung.)

Eines der unangenehmsten Altersprobleme ist es, nicht immer zu wissen, wie man die viele freie Zeit sinnvoll verwendet. Es müßte die Seelsorge geradezu reizen, dieses Vakuum zu füllen.

Die Lebensschwierigkeiten, die vom Zeitfaktor für alternde und alte Menschen ausgehen, kreisen nicht selten um das Datum der kommenden oder bereits erreichten beruflichen Entpflichtung: Die Erwartung des Pensionsalters ist einerseits gekennzeichnet durch das Bestreben, »durchzuhalten« und bis zum Schluß der Berufstätigkeit als »volle« Leistungspotenz anerkannt zu werden; anderseits verspüren besonders dynamische ältere Menschen, für die die berufliche Entpflichtung subjektiv noch gar nicht motiviert zu sein scheint, den Drang, über das Pensionsdatum »hinweg-

zuspielen«, indem sie neue Aktivitäten quasi- bzw. außerberuflicher Art entwickeln. Ganz gleich, wie diese Schwierigkeiten verursacht sein mögen oder wie sie individuell verlaufen: nächste Leidtragende sind meist die Ehepartner, an denen sich Insuffizienzgefühle, Unmut, »Pensionsneurose« usw. abreagieren. Krisen im ehelichen und familialen Zusammenleben sind die Folge; die Ehepartner haben jetzt mehr Zeit des Zusammenseins, da der vorher berufstätige Ehemann nun ganztägig zu Hause sein kann. Die Ehefrau verliert dadurch ein beachtliches Maß an Zeit, das sie bisher für sich selbst bzw. für andere Kontaktpersonen verwenden konnte als für ihren Mann, der in der Regel nur kurzzeitig in der Ehe bzw. Familienwohnung anwesend sein konnte, sofern sein Beruf außerhalb der Wohnung ausgeübt wurde.
Die seelische Zermürbung ist in manchen Ehen älterer Ehepartner ein bedrückendes, die Vertrauensatmosphäre vergiftendes Phänomen. Das Sich-ertragen-Lernen wird jetzt zu einem ganz neuen Lebensproblem und für die Ehe eine Bewährungsprobe, die nicht minder ernst und konfliktreich ist als Ehekrisen in den Anfangsjahren der Ehe. In diesen konnte eine Ehe mehr oder weniger plötzlich »brechen« – jetzt ist die Gefahr gegeben, daß sie »zerbröckeln« und »zerfallen« kann. Der äußere Zusammenhalt wird dann oft gewahrt und eine juristische Trennung vermieden; innerlich aber ist die Ehe dann oft faktisch »erstorben«. Während dem Ehe-Bruch gewöhnlich ein neues Partnerverhältnis (auch in Form einer Zweitehe) folgt, zugleich auch eine neue Euphorie der Sexualität, folgt nach dem »Zerbröckeln« der Ehe im Alter in der Regel eine für beide Partner deprimierende Vereinsamung, die auch die Kontakte zu anderen Partnern (Freunden, Verwandten, Berufskollegen) sich auflösen läßt. Am Ende bleibt, wenn die Krise nicht überwunden wird, eine Grundstimmung des Nihilismus, die auch religiöse Interessen verkümmern läßt. Typisch für den psychischen Verlauf altersbedingter Ehekrisen ist nicht der Wunsch nach neuer Verbindung, sondern der Verlust des bisherigen Partners bei gleichzeitiger Beibehaltung des äußeren Kontakts (Wohnen in der gleichen Wohnung). Daß der Prozeß der Alterung durch

Dauerkrisen der Ehe beschleunigt und kompliziert wird, ist leicht verständlich. Auf jeden Fall wäre es falsch, der Ehe alter Menschen einen größeren Grad von Kontingenz und Gesichertheit zuzuschreiben als der Ehe von Angehörigen früherer Erwachsenenphasen. Leider werden die Eheschwierigkeiten im Alter relativ wenig beachtet. In der Pastoral für alte Menschen spielte dieses Thema bisher eine verhältnismäßig geringe Rolle.

Daß sich mit zunehmendem Alter auch die *Sexualität* (im umfassenden psychosomatischen Sinne) wandelt, wird leider deshalb oft nicht registriert, weil wir uns daran gewöhnt haben, Sexualität primär oder ausschließlich als ein Phänomen der Jugend, der jungen Erwachsenen sowie der Angehörigen der »mittleren Generation« aufzufassen. Der alte Mensch wird dann mit der sachlich falschen Vorstellung belegt, ein sexualitätsloses oder sexuell »neutrales« Wesen zu sein.

Fast in pastoral anmutender Form kümmert sich neuerdings eine bestimmte Art von Publizistik um Stärkung und Aktivierung der Sexualkräfte des alternden und des alten Menschen; es wird dargelegt, daß auch er »vital« sein könne, und es werden ihm Mittel und Methoden der Auffrischung und neuen Vitalisierung empfohlen. Sieht man einmal davon ab, daß hier ein starker kommerzieller Faktor am Werk ist, so bleibt doch als Tatbestand die psychagogische und pastorale Aufgabe, auch alten Menschen ein altersgemäßes Kraftbewußtsein und eine adäquate Freude an der Vitalität zu vermitteln.

Für die Altenseelsorge empfiehlt sich, die sexuell getönte Suche nach neuer Kraft und Vitalität geistig zu vertiefen und dabei zu beachten, daß Sexualität ein *lebenslanges* Phänomen ist, das nicht an einem biologistischen Standard von sexueller Potenz gemessen werden darf.

Die *Umwertung*, ja Besserbewertung des menschlichen Alters sollte sich die Pastoral deshalb besonders angelegen sein lassen, weil es der Kirche besonders ansteht, gerade jener Zeit des Lebens einen hohen Sinn zu geben, die nach den Maßstäben des praktischen Materialismus bestenfalls eine Zeit der geduldeten Unproduktivität ist. Der sozialpolitische Trend nach Verkürzung der Arbeitszeit und

Vermehrung der Freizeit ist nicht nur auf die Arbeits-Woche zu beziehen, sondern auch auf den gesamten Lebenslauf: In Zukunft wird mehr als in der Vergangenheit danach gestrebt, jenen Lebenszeitraum zu vergrößern, in dem man – frei von materieller Not und in wünschenswerter sozialer Sicherheit, die man sich im Berufsleben erarbeitet hat – ein Leben führt, in dem andere Höchstwerte gelten als Arbeit und Leistung. Es ist ein Leben in Muße und Gelassenheit, in dem man »feiern« und sich für alles Zeit lassen kann, was man für besonders lebenswert hält. Ein solches Leben wird dann als ein *verdientes,* durch lange Berufsarbeit gesichertes Dasein gelten – und nicht als eine von der Leistungsgesellschaft gestundete Zeitspanne der Betreuung zum Tode hin.

Die zentrale und entscheidende pastorale Hilfe für das Alter liegt nicht nur darin, den Weg zum Sterben zu erleichtern und Krankheit und Schwäche als Vorstufen des Todes erträglicher zu machen, sondern in der Werterfüllung des Alters als eines »zweiten« Lebens nach dem Leben im Beruf. Die Altersforschung betont immer mehr, daß das Altsein *erlernt* werden muß. Dazu bedarf es auch der Lernhilfen durch die Pastoral. Erlernt werden muß vor allem neue Beschäftigung und Aktivität, die von anderer Art ist als die des Berufes.

2.8 *Pastorale Aspekte des Altersproblems unserer Gesellschaft*

Oft genug ist – zumal von Jugendlichen – behauptet worden, die Kirche sei zu sehr eine »Sache für die Alten«, und kurzschlüssig ist daraus gefolgert worden, sie sei deshalb auch veraltet und unzeitgemäß.

Das Problem verschärft sich heute noch dadurch, daß zahlreiche alte Menschen die Prozesse innerkirchlicher Erneuerung nicht mehr mitzuvollziehen vermögen, weniger weil sie es nicht wollen, als weil man ihnen dabei nicht hilft. Eine innerkirchliche Gettoisierung kommt zustande, indem sich alte Menschen Reservate konservativer Frömmigkeit sichern, so z. B. die sonst schlecht besuchten Werktagsmessen.

Dieser Tatbestand deutet darauf hin, daß es bisher pastoral versäumt worden ist, die alten Kirchenmitglieder (vom siebten Lebensjahrzehnt an) für die Neuerungen an Haupt und Gliedern der Kirche, für Konzil und Synode, für neue Liturgie und Theologie, zu interessieren. Die Alten haben einen Anspruch darauf, am Prozeß der Innovation teilzuhaben und nicht »abgeschrieben« zu werden, als werde mit ihrer Kirchengliedschaft ja selbstverständlich und ohne nennenswerten Einsatz pastoraler Energien gerechnet.

Natürlich könnte diese Rückgewinnung der Alten nicht allein durch Pastoral erreicht werden – Bildung muß hinzukommen.

Eine moderne Altenpastoral ist erst dann gegeben, wenn der Service der Kirche für diesen Personenkreis möglichst reichhaltig ist: Er muß karitative Hilfen, Versorgung mit Nahrung des Leibes ebenso umfassen wie die geistig-seelische »Ernährung«, die Hilfe im Krankheitsfalle ebenso wie die Hilfe im Kampf gegen die Vereinsamung. Gelegentliche Altentage schaffen der Pastoral noch kein genügendes Alibi gegenüber denen, die am längsten die Treue gehalten haben; Möglichkeiten der Kontaktnahme und Unterhaltung mit Gleichgesinnten müssen nicht nur in den zu sehr separierenden Altenwohnheimen geschaffen werden, sondern auch in den Altenstuben der Gemeindehäuser. (Es spricht nicht für den Modernitätsgehalt der Altenpastoral, daß ein Großteil der Altenhilfe außerhalb der Kirche plaziert ist und daß nicht auch im kirchlichen Raum Sozialformen wie die »Golden Age Clubs« stark verbreitet wurden.)

Will die Pastoral ein Humanitätsdienst sein, so muß sie bekunden, daß für sie alte Menschen etwas anderes sind als die »Abgeschriebenen«, die nicht mehr berufliche Leistungen aufzubringen vermögen. Daß die »Leistungsgesellschaft« die Alten isoliert, ist allenfalls verständlich; die Kirche jedoch darf es nicht zu dieser Isolation der Alten kommen lassen.

Das Recht des Menschen darauf, im Alter in der Dimension der Weisheit Erkenntnis zu sammeln und die Quersumme des Lebens zu ziehen, muß sich auch in neuen pastoralen Initiativen und Methoden ausdrücken. Zuerst zu

nennen ist die regelmäßigere, häufigere und selbstverständliche Gelegenheit zum Gespräch; es sollte nicht erst zu schweren Erkrankungen und Notfällen, zu Verzweiflungstaten und Verwahrlosungen kommen, ehe diese Gesprächskontakte entstehen.
Die Tatsache, daß der alte Mensch viel Zeit besitzt, ungleich mehr als der noch berufstätige, sollte als pastorale Chance genutzt werden, um das Heilswort zu verkündigen, den typischen Alterspessimismus zu überwinden und christliche Zukunftshoffnung zu nähren. Ungenügend ist die bloße Verbalisierung der christlichen Todesvorstellung: Der alte Mensch will erfahren, daß die Kirche ihm vom Tode mehr Gewißheit zu geben vermag als von einem vermeintlichen Ende, und Alter will der alte Mensch nicht als Verfall des Lebens gedeutet wissen, sondern als dessen Vollendung. Die Gunst des Überzeugungsansatzes ist hier offenkundig.
Personell gesehen können die pastoralen Altersprobleme nicht dadurch gelöst werden, daß alle, die pastorale Dienste tun, dabei ein bestimmtes Stück Zeit der Altenpastoral zukommen lassen oder gar Spezialisten für diese abstellen. Wichtiger und menschlicher ist vielmehr, die alten Gemeindeglieder auf vielfache Weise rückzubinden an das Leben der Gemeinde, sie in diesem für alle (auch für Kinder und Jugendliche) erscheinen und mitwirken zu lassen. Man denke allein daran, wie günstig es wäre, wenn alte, jedoch noch rüstige Frauen in jungen Familien der Gemeinde kompensatorische Erziehungshilfen leisten würden; oft fehlt es in jungen Familien mit Kleinkindern an einem Babysitter, so daß die Eltern zu sehr an die Familienwohnung gebunden sind; hier könnte manche alte Frau helfend einspringen, ohne überfordert zu werden; es kommt nur darauf an, daß die Gemeinde die Kontakte herstellt.
Der krasse Gegensatz, der in der Mentalität alter Menschen dadurch entsteht, daß sie längere Lebenserwartung einerseits und überspitztes Leistungs- und Vitalitätsdenken anderseits nicht auf einen Nenner zu bringen vermögen, ist vielleicht nur durch religiöse Deutung zu überwinden. Pastorale Ermutigung erfährt der alte Mensch, wenn ihm

klargemacht wird, daß das Menschenleben falsch verstanden wird, solange noch Leistung, Vitalität und Konsum die bestimmenden Normen heutigen gesellschaftlichen Lebens sind. Zumal die christliche Religion kann nicht durch diese drei überschätzten Aspekte hinreichend gewürdigt werden. »Religiöser Konsum« oder »religiöse Leistung«: Was könnte das überhaupt sein? Eine kritische Sozialtheologie muß zu Rate gezogen werden, um die Altenpastoral mit den Argumenten auszurüsten, die helfen können, aus dem soziologistischen Funktionalismus der Übertreibung von Leistung, Vitalität und Konsum herauszuspringen. Die viele freie Zeit des alten Menschen muß bloßer Leerraum sein, wenn neben dem Anspruch der Leistung nicht auch derjenige der Muße zur Geltung kommt. Die statistische Tatsache, daß in naher Zukunft der Anteil der Alten an der Gesamtpopulation erheblich steigen wird, zwingt dazu, nach einer zukünftigen Freizeitgesellschaft als dem Kontrastprogramm zur Leistungsgesellschaft zu fragen. Die Sinnerfüllung der Freizeitgesellschaft wird wesentlich davon abhängen, inwiefern es gelingt, alle Bevölkerungsgruppen, nicht zuletzt die Alten, in ein sinnvolles Mehr-Zeit-Haben einzuüben und der Freizeit adäquate Werte zu geben. Hier kann das Leben der Alten, die ja in ständiger Freizeit leben, Pionierdienst für die gesamte Gesellschaft der Zukunft tun. Im gleichen Maße wie Freizeit wird dann auch Alter erstrebenswert und damit eine wichtige Dimension der Vermenschlichung unseres Lebens. Wenn es dem Menschen gelungen ist, sein Leben durch medizinische, hygienische und pharmakologische Hilfen zu verlängern, wird es höchste Zeit, sich auch auf entsprechende mentale und pastorale Hilfen zu besinnen und sie durch kühne Phantasie zu erfinden.

Einstweilen aber empfinden viele alte Menschen die durch medizinischen Fortschritt ermöglichte Lebensverlängerung noch nicht als ungetrübtes Glück, wie sie noch zu sehr ihre Lebensdimensionen an derjenigen der beruflich Tätigen und Jüngeren messen und noch nicht gelernt haben, für ihr Alter andere, eigene Maße anzuwenden.

Nicht nur eine Revolution der *Jugend* erleben wir heute, sondern auch eine (wiewohl stillere, unauffällige) Revolution des *Alters*. Der Anteil des Alters am Gesamtverlauf des menschlichen Lebens wächst. Das muß doch wohl einen Sinn haben. Ihn aufzudecken, ist eine der erregendsten Aufgaben, die der Pastoral heute gestellt sind. Noch ist es gängig, das menschliche Jungsein zu überschätzen, so daß manche Jugendliche bereits den Dreißigjährigen nicht mehr als vital und aktiv anerkennen. Je mehr die Alten unter uns an Zahl und Bedeutung zunehmen, um so mehr wird es zu einer Aufwertung des Alters kommen, und die Alten werden auf die soziale, politische und religiöse Willensbildung stärkeren Einfluß nehmen als je zuvor; bei Wahlen werden sie einen stärkeren Ausschlag geben, als es schon rein numerisch den Adoleszenten und Jungerwachsenen, geschweige denn den Jugendlichen, möglich ist.

Mag hinter dieser Entwicklung auch die fatale Tatsache einer überrationalisierten »generativen Diszplin« (G. Makkenroth) stehen, die mehr kalkulatorische als personbestimmte Beschränkung der Kinderzahl auf ein Minimum: die Kirche wird in besonderem Maße (mehr als andere Institutionen unserer Gesellschaft) berufen und befähigt sein, dem Alter als einer Existenzweise und Lebensaufgabe einen Sinn zu geben und dem Menschen zu helfen, sich menschlich auf das Ende seines Lebens einzustellen.

Innerhalb der Gesamtpopulation unseres Landes (und auch benachbarter Industrieländer) nimmt die Anzahl alter Menschen ständig zu. Falls diese Entwicklung anhält, so wird in spätestens einem Jahrzehnt die Zahl der alten Menschen die der Kinder, der Jugendlichen und der noch voll berufstätigen Erwachsenen übersteigen. Damit würde der traditionelle Zahlenproporz der Generationen aufhören, der davon ausging, jede Generation sei genau so groß wie die vorhergehende oder die nachfolgende. Je mehr es alte Menschen geben wird, um so mehr werden sie in allen Lebensgebieten, auch in der Kirche, den Ton angeben. In der Politik wird heute schon damit gerechnet, daß dann auch das konservative Wählereservoir steigt, das revolutionäre und das progressive abnimmt. Vermutlich wird sich auch in der Kirche Ähnliches ereignen: Die Kräfte der Beharrung werden stärker sein als die, welche auf Veränderung der kirchlichen Verhältnisse drängen.

Heute kann man sich die Auswirkungen der Gewichtsverschiebungen der einzelnen Lebensphasen und Bevölkerungsgruppen noch nicht recht vorstellen, zumal alte Menschen nicht das Bild der politischen und öffentlichen Szene beherrschen. Ob sie es im kirchlichen Leben schon tun, muß sorgfältig durch Pastoralstatistik ermittelt werden.
Die skizzierte Entwicklung ist – wie für jedermann leicht einzusehen ist – großenteils auf die Familienplanung und Geburtenregelung zurückzuführen, für die die Frage der Kinderzahl eben nicht eine emotionale Wunsch- oder religiöse Pflichtfrage ist, sondern ein Problem der rationalen, ökonomischen Belastbarkeit. Die Pastoralexperten haben der Frage nachzugehen, inwiefern die Rationalisierung der Kinder und damit der Bevölkerungszahl eine weitgehende Absage an heute noch geltende kirchliche Ehevorschriften beinhaltet. Zu fragen ist, ob die soziale Entwicklung das noch geltende Normengebäude kirchlicher Ehe- und Sexualmoral inzwischen unterlaufen hat.
Je zahlreicher alte Menschen werden, um so selbstverständlicher und normaler wird es, alt zu sein, und um so mehr wird der alte Mensch aus der bisher geübten Zurückgezogenheit heraustreten und das Bild der Öffentlichkeit stärker mitprägen. Es ist für die Pastoral schwieriger, einer zukünftigen »Altengesellschaft« das lange Leben lebenswert zu machen, als jungen Menschen Rat und Weisung auf den Lebensweg mitzugeben. So wie in den zwanziger, dreißiger und vierziger Jahren des 20. Jahrhunderts die Jugendpastoral stark favorisiert wurde, wird in naher Zukunft vermutlich die Altenpastoral in den Vordergrund rücken.
Natürlich wird es auch in Zukunft wie heute Pfarrgemeinden geben, die großenteils aus jungen Familien bestehen (etwa in Stadtrandneusiedlungen); aber auch hier wird eine neue Pastoral Verständnis für alte Menschen erzeugen müssen, wie denn überhaupt nicht nur daran zu denken ist, jede Lebensphase in sich zufriedenzustellen, sondern auch das *Zusammenleben* aller Altersgruppen erträglich und menschenwürdig zu machen. Hier ist der Gedanke der Partnerschaft vonnöten, der mitunter zu abstrakt verwandt wird. Partnerschaft in der Kirche heißt, daß sich die

Altersgruppen darüber einig werden, wie sie ihre jeweiligen Interessen, Ansprüche und Wünsche in ein gemeinsames Pastoralkonzept einbringen und kirchliches Leben gemeinsam gestalten können.
Es wird in naher Zukunft sorgfältiger als bisher darüber zu wachen sein, daß sich jüngere Menschen von der Kirche nicht durch deren »Überalterung« abgestoßen fühlen. Die Gefahr der »stillen Emigration« Jugendlicher scheint mit Zunahme der Zahl alter Kirchenmitglieder zu steigen, es sei denn, es gelänge der Pastoral, neue jugendgemäße Subkulturen zu entwickeln, die es der Jugend attraktiv erscheinen lassen, weiterhin zur Kirche zu gehören.
Zur Pastoraltheologie gehört dann wohl der Satz: Nicht nur für alte, auch für junge Menschen müssen in verstärktem Umfang *spezielle,* phasengerechte Angebote gemacht werden. Je mehr die gesamtgemeindliche Liturgie vom Geschmack der alten Menschen bestimmt wird, um so dringender wird – als Zusatz zu dieser gesamtgemeindlichen Liturgie – eine neue Jugendliturgie entwickelt werden müssen. Wer das vor zehn oder zwanzig Jahren gefordert hätte, wäre der Zeitverfremdung bezichtigt worden, und zugleich wäre der Vorwurf vom isolierten religiösen »Jugendreich« erhoben worden. Die starke Wirkung moderner jugendlicher Subkulturen hat die Zählebigkeit des Wunsches junger Menschen bewiesen, in bestimmten Lebensformen und -bereichen *für sich* und *unter sich* leben zu wollen.
Es mag fast ein wenig blasphemisch klingen, wenn man feststellt, daß die Kirche für eine zahlreicher werdende »Altengesellschaft« einer von mehreren *»Freizeiträumen«* sein wird, in dem man nichts von Leistung und Beruf, von Arbeit und Daseinsdroge hören will, sondern wohl etwas von Muße und Besinnung, von Erholung und Hobby, von Geselligkeit und gutem Rat. Mit der »Altenstube« im Pfarrzentrum wird das pastorale Altenproblem dann nicht sein Bewenden finden können. Religion wird dann für viele Menschen ein geistiges Östrogen, Liturgie und Glaubensdienst eine seelische Frischzellentherapie sein. So wie Religion heute für manche junge Menschen Alternative zur Droge ist, wird sie in Zukunft für viele alte Menschen eine Medizin gegen das Absterben des Lebens-

willens sein. Zu künftigen Gemeindezentren werden Altenwohnungen und Kommunikationsstätten für alte Menschen genau so selbstverständlich gehören wie heute die Kindergärten und die Jugendheime.

Altenpastoral wird in Zukunft nicht nur Sonderbereich, sondern Motiv der Gesamtpastoral sein müssen. Dafür ein Beispiel: Die zukünftige *Familien*pastoral wird sich Gedanken darüber machen müssen, wie neue Kommunikation zwischen Großeltern, Kindern und Enkeln hergestellt, neue Wohnformen und Lebensgemeinschaften, neue Kooperativen der Generationen entwickelt werden können. Viele alte Menschen möchten nicht in spezielle Altenzentren »abgeschoben« werden, sondern mit Kindern und Enkeln verbunden bleiben. So wie sich kirchliche Aktive vor Jahrzehnten um das »Familieneigenheim« (Nikolaus Ehlen) bemüht haben, müßten in den kommenden Jahren und Jahrzehnten neue Bautypen erprobt werden, die bei Wahrung der nötigen räumlichen Distanz und Selbständigkeit ein partielles Zusammenleben der Generationen stimulieren. Der Rückgriff auf traditionelle Wohn- und Bauformen (etwa auf das »Altenteil« im bäuerlichen Lebenskreis) wird hier wenig helfen können. Es geht um einen Neubeginn.

Das Recht auf Zugehörigkeit zum Familienverband ist bisher von der Familienpastoral zu wenig praktisch bedacht worden. Diese hat sich zu einseitig an den isolierten Zwei-Generationen-Familien orientiert oder – noch enger – an den Kinder- und Erziehungsproblemen in der Jungfamilie.

3. KRISEN IM MENSCHLICHEN LEBENSLAUF

Die moderne Anthropologie stellt den Menschen nicht so sehr als ein »normales«, harmonisches, problemfreies Wesen dar, sondern auch als etwas Fragmentarisches, Angefochtenes, Bedrohtes, als ein Krisenwesen. Selbst wenn man unterstellt, dies sei Ausdruck einer anthropologischen Mode, sollte man doch zumindest das Problem der *Krise* zu verschiedenen Zeiten des Menschenlebens sehr ernst nehmen. Auf jeden Fall hat die Seelsorge Grund dazu. Das Phänomen der Lebenskrise provoziert geradezu seelsorgliche Hilfe.

3.1 *Der zeit- und sozialkritische Ansatz*

Bestimmte Thesen der zeit- und sozialkritischen Literatur, die vor allem soziologisch motiviert ist, könnten zu der Meinung führen, es gehe nicht mehr an, den Menschen im christlichen Sinne als freies, auf Heil und Erfüllung disponiertes Wesen zu betrachten. Selbst vom Erwachsenen, der doch als mündig gilt, heißt es allerorten, er lebe im »Zwang der sekundären Systeme« (H. Freyer) und müsse sich primär als »Mängelwesen« (A. Gehlen) begreifen. »Die beste Art, den Menschen zu entmündigen, ist seine unmerkliche Beeinflussung und Infiltration mit Meinungen, Gefühlen, Werthaltungen und Verhaltensweisen« (K. Pfaff).[21]

Allzu leicht wird in solchem Denken auch die Glaubensverkündigung und der seelsorgliche Zuspruch als »Manipulation« karikiert, als Beeinflussung, die die Willensfreiheit lähmt.

Nach den Aussagen der Krisenliteratur, die allerdings nur teilweise als wissenschaftlich gelten kann, unterscheidet sich

[21] K. Pfaff, Die Welt der neuen Jugend, Freiburg 1962, bes. 258 ff.

Erwachsensein von Kindheit und Jugend keineswegs mehr dadurch, daß der Erwachsene Sicherheit, Ordnung und Frieden bezeugt. Viel eher wird zunehmendes Alter als Degeneration des Menschseins aufgefaßt und Jugendlichkeit zum Höchstwert stilisiert.
Wie verhalten sich in Zukunft Theologie und Seelsorge zu dem Vorwurf von H. Marcuse, W. Reich u. a., die Eltern seien zwangsläufig »Lebenshindernisse« ihrer Kinder, und jede Art von Werttradierung bewirke in der nachwachsenden Generation Aggression oder Frustration?[22] Das Normative des Erwachsenseins scheint unglaubhaft geworden zu sein. Grundwerte wie Autorität, Sicherheit, Ordnung, Reinheit usw., auf die auch bestimmte Praktiken der Seelsorge bisher abgestellt waren, werden heute in bestimmten Bereichen der anthropologischen Literatur radikal negiert – nicht ohne Wirkung auf weite Kreise der Jugend. Sind damit nicht zugleich auch »christliche Grundwerte« in Frage gestellt? Welche anderen Werte hat eine moderne Seelsorge dem entgegenzusetzen? Bietet z. B. die Jugendseelsorge der Jugend eine wirkliche Hilfe, wenn sie den Drang nach »Revolution« und Änderung der gesellschaftlichen Verhältnisse pointiert und die Jugend in ihrer Negation der Erwachsenen bestärkt? Oder wird hier mit einer neuen »Anpassungs-Pastoral«, die die Felle der Seelsorge wegschwimmen sieht, aus der Not (des Kontaktverlustes zur Jugend) eine Tugend (die des Sich-Anbiederns) gemacht?
Bestimmte Anthropologen verschärfen den pastoralen Befund mit dem Hinweis darauf, daß – trotz vorgegebener Mündigkeit und Freiheit – eine totale Anpassung an die (einseitigen) Bedürfnisse einer rein rationalistisch-utilitaristischen Leistungsgesellschaft erfolgt. Dadurch scheint z. B. die Vateraufgabe des Mannes völlig hinfällig und der »Weg zur vaterlosen Gesellschaft« (A. Mitscherlich) unaufhaltsam zu werden. J. Bodamer sagt vom modernen Manne: »Seine Flucht vor der Aufgabe des Vaters und Erziehers wurzelt darin, daß das Kind allzu lebendige und

---

[22] A. Mitscherlich, Auf dem Wege zur vaterlosen Gesellschaft, München o. J.

unberechenbare Gestalt ist ..., dessen Seele ihm fremd bleibt.«[23]

Hier überschneiden sich entwicklungs- und epochalpsychologische Gegebenheiten und Tendenzen. Stimmt es, daß der moderne Mann das technologische Orientierungsmodell für alle Lebensfunktionen (auch für den sexuellen Kontakt zur Frau und den pädagogischen zum Kinde) anwendet, dann ist damit natürlich kaum eine »Antenne« für Glaubensverkündigung und Heilssorge gegeben. – Das gilt natürlich auch für die maßlose Entstellung der modernen Frau zum »Ding« im Prozeß der sexuellen Manipulation. Mann und Frau, ehedem Leitgestalten für Kinder und Jugendliche, werden in solcher Vorstellung so sehr degradiert, daß es unglaubwürdig anmuten muß, wenn sie Gehorsam und Autorität verlangen.

Hier wird deutlich: Zeit- und sozialkritische Aussagen über die menschlichen »Rollen« (als Kinder, Jugendlicher, erwachsener und alter Mensch) dürfen nicht als unabänderliche Dogmen entgegengenommen werden, sondern vielmehr in dem Wissen, daß der Mensch als »unfestgestelltes Wesen« offen für sehr verschiedene Möglichkeiten der Ausformung ist, auch für die durch den Glauben und die Religion. Es wäre falsch, einen Fatalismus aus den zeit- und sozialkritischen Aussagen abzuleiten. Vielmehr scheint die Aufgabenhaftigkeit des Menschseins, dessen Bildsamkeit und Plastizität als eine ausschlaggebende anthropologische Grundbefindlichkeit auf.

Leichter als das Verwerfen anthropologischer Leitbilder ist es, neue, verbindliche und überzeugende zu schaffen und zur Geltung zu bringen. Gerade angesichts des heute modischen und virulenten Verwerfens »alter« Leitvorstellungen hat die Seelsorge u. a. die wichtige Aufgabe, neue Leitbilder überzeugend darzustellen und zu popularisieren. Eine anthropologisch orientierte Theologie muß dabei mithelfen.

[23] J. Bodamer, Der Mann von heute – Seine Gestalt und seine Psychologie, Stuttgart 1956, bes. 17 ff.

3.2 *Entwicklungsbedingte Krisen im Lebenslauf*

Das menschliche Krisenproblem hat aber noch eine andere, eine natürlichere Schwierigkeit: nämlich die entwicklungspsychologische. Es gibt im Laufe des Lebens Krisen, auf die man gleichsam die Uhr stellen kann, Krisen, die »automatisch« kommen werden und notwendige Übergänge im Reifungs- und Entscheidungsprozeß sind. Die klare Orientierung über Sinn und Verlaufsformen dieser Entwicklungskrisen macht dem Seelsorger vieles verständlich, was er sonst nicht oder nicht als »natürlich« genug begreift. Der Aspekt der Entwicklungskrisen kann dem Seelsorger ferner zeigen, daß eine Art Sonderbehandlung für Angehörige der Krisenphasen nötig ist und daß man die Adressaten der Seelsorge niemals zu abstrakt – als Menschen – wahrnehmen darf. Zum Ernstnehmen des Individuums gehört, daß der Seelsorger die Faktizität auch der Lebenskrisen respektiert und die besondere Schutzbedürftigkeit des Menschen in der jeweiligen Krise durch besondere Hilfe auszugleichen bestrebt ist.

Am bekanntesten sind wohl die Krisenzeiten in Kindheit und Jugend, die »Trotzphasen« (oft ein wenig vergröbernd als »negative Phasen« bezeichnet) sowie die Pubertät. Das Wissen um Trotzphasen und Pubertät ist durch psychologische und pädagogische Popularliteratur derart stark in Umlauf gesetzt worden, daß selbst manche betroffenen Kinder und Jugendliche es kennen.

Nehmen wir ein einfaches Beispiel: Ein Kind, das in einer der Trotzphasen seinen Eigenwillen dem Willen der Eltern und Erzieher entgegensetzt, kann nicht moralisch belangt und als ungehorsam bezeichnet, ja vielleicht sogar bestraft werden. Das soll nicht heißen, daß der Trotzwille des Kindes im angemessenen Maße zu beschränken ist. Aber leider muß bemerkt werden, daß eine traditionelle Kinderbeichtpastoral einfach kindlichen Ungehorsam als Delikt auffaßte und ein entsprechendes Schuld- und Sühneverhalten vom Kinde forderte. Anders formuliert: Es ist für ein Kind in »positiven« Phasen der Entwicklung leichter, gehorsam zu sein, als für Trotzphasen-Kinder.

Die Theorie der »antiautoritären Erziehung« gibt vor, den

kindlichen Trotz dadurch überwinden zu können, daß man ihn sich einfach auswirken und »ausleiern« läßt. Den kindlichen Trotz erzieherisch zu verstehen, heißt nicht, bei seiner Behandlung auf bewußte Gegenwirkung zu verzichten, die den Edukanden spüren läßt, daß er sich in ein größeres Ganzes einzuordnen und seine Willensstrebungen an ihm zu messen hat. Aber Gegenwirkung ist nicht identisch mit Brechung des kindlichen Willens. Statt ihn zu brechen, gehört mehr erzieherische Überlegenheit dazu, die im Trotz wirksame Willens- und Tatenenergie zu positivem Handeln umzulenken. Die Bereitschaft zur Einordnung in ein größeres Ganzes ist auch auf die Beziehung des jungen Menschen zu Gott wichtig. Trotz gegenüber Gott muß dem Kinde so begreiflich gemacht werden, daß es ihn als Zeichen des Ungehorsams und der Undankbarkeit wahrnimmt und deshalb verabscheut. Natürlich ist im konkreten Fall schwer zu sagen, inwiefern Trotz reine Übung im Eigenwillen ist oder aber Auflehnen gegen eine Ordnung, die dem Kinde aus egoistischen Gründen einfach nicht »paßt«. Auf keinen Fall darf kindlicher Trotz idealisiert werden, als drücke sich in ihm die individuelle Eigenständigkeit aus. Aber trotzdem bleibt die Tatsache zu registrieren, daß der Trotz in bestimmten Abschnitten der kindlich-jugendlichen Entwicklung ohne Zutun des jungen Menschen stärker aufwallt als in anderen Phasen. Dafür darf man den Edukanden nicht für »schuldig« erklären.

Noch deutlicher als am Phänomen des Trotzes, den man leichter als psychisches denn als sittliches Phänomen begreifen kann, stellt sich am Phänomen des *Ungehorsams* die Problematik kindlicher Sündhaftigkeit: Von Ungehorsam als einer kindlichen Sünde darf man wohl nur dann sprechen, wenn das Kind seine Bindung an Normen der göttlichen und menschlichen Ordnung durchaus erkennt, ihnen aber zuwider handelt. Aber viele Ungehorsamssituationen haben ihren Grund in falschen Erziehungsmaßnahmen; zumal Eltern pflegen Gehorsam in Situationen zu verlangen, in denen sie ihre eigene Schwierigkeit auf das Kind transponieren, es zum »Sündenbock« machen wollen. Die Vorfrage, ob die jeweilige Gehorsamsforderung pädagogisch wirklich legitim ist, wird von manchen Eltern und anderen Erziehern leider nicht gestellt. Die Gehorsamsforderung ist für sie eine Tabuforderung, von der sie wähnen, sie brauchten sie gegenüber dem Edukanden nicht zu rechtfertigen.

Ein anderes Beispiel: Dem Jugendlichen mitten in der Pubertät, für den die Auseinandersetzung mit der menschlichen Sexualität sehr viel bedeutet, darf man nicht sehr schnell unmoralisches, unkeusches Verhalten vorwerfen; man denke z. B. an das literarische und optische Informationsbedürfnis beim Kennenlernen des anderen Geschlechts, an das »Studieren« von Nacktdarstellungen, ganz zu schweigen von dem, was eine traditionelle Pubertätsseelsorge bzw. Sexualpädagogik als unerlaubte Manipulation am Körper bezeichnete. Hier ist eine »Subjektivierung« der seelsorglichen Hilfen vonnöten, d. h. ein Eingehen auf die ganz persönliche Schutzbedürftigkeit und das menschliche Hilfeverlangen eines Jugendlichen, der dem Ansturm seiner Triebe ausgesetzt ist. Auch gängige optimistische Pubertätsdeutungen, die den Eindruck erwecken, als werde eine Triebentladung den jungen Menschen glücklich machen, dürfen nicht darüber hinwegtäuschen, daß Pubertät eine handfeste Krise ist – mit allem Unangenehmen, das zu einer Krise gehört.[24]

Auf eine Analyse der kindlichen Trotzperioden sowie der Pubertät soll hier verzichtet werden, weil diese allgemein bekannt sind. Wichtiger ist für den Seelsorger folgender Hinweis, dem noch keineswegs in der pastoralen Praxis entsprochen wird: Bei jedem Übergang von einer Entwicklungsphase zur anderen gibt es Krisenerscheinungen. Das ist verständlich, weil sich damit der Lebensrahmen verändert, bisherige Lebensmöglichkeiten beschränkt oder gestoppt werden. Zunächst kommt dann – nach dem Ablegen bisheriger Vorstellungen und Gewohnheiten – der Eindruck einer gewissen Leere auf. Es dauert einige Zeit, bis der neue »Lebensrahmen« gewachsen, die dominanten Wert- und Zielvorstellungen der neuen Phase in Fleisch und Blut übergegangen sind. So ist klar, daß der Über-

---

[24] G. Fels, Pubertät (Schülerbuch mit Begleitbuch für Lehrer und Eltern), Stuttgart 1968.

gang von Phase zu Phase als unangenehm empfunden wird. Ebenso wenig wie die Kenntnis der Tatsache, daß es nicht nur Phasen kindlicher und jugendlicher Entwicklung gibt, sondern auch Entwicklungsphasen des Erwachsenenlebens, ist das Wissen um die Krisenhaftigkeit der Phasenübergänge bis hin zum Lebensende. Die einschneidendste Erwachsenenkrise, die Lebenswende, wurde oben bereits erwähnt.

Hier ist auch die Bemerkung angebracht, daß sich die menschliche Entwicklung von einer Phase zur anderen nicht rein teleologisch oder morphologisch vollzieht, sondern »in stoßweisen Hebungen und Senkungen« (H. Künkel).

3.3 *Abwertung von Alter und Reife – Idealisierung der Jugend*

Es wäre falsch, das Krisenproblem im menschlichen Lebenslauf wie ein unabänderliches Naturereignis hinzunehmen und die Krisen einfach »passieren« zu lassen. Richtiger ist, für jede Krise Haltungen zu finden, die sie erträglich und überwindbar machen. Krise ist eben ein Prozeß des Scheidens und Entscheidens. Es kommt darauf an, *welchen Sinn* der Mensch seinem gesamten Leben, dessen Abschnitten und auch dessen Krisenzeiten gibt.

Wie stark die Beurteilung und Sinngebung der Lebensabschnitte von *negativen* Einstellungen beeinflußt werden kann (sei es bewußt oder unbewußt), erhellt an einem zeittypischen Phänomen: nämlich der *Abwertung menschlichen Erwachsen- und Altseins* sowie – parallel dazu – *der Überbewertung und Idealisierung des Jungseins.* Oben wurde vermerkt, der Mensch fühle sich auf Grund der größeren Lebenserwartung in den mittleren und späteren Lebensabschnitten jünger, dynamischer und aktiver als früher. Positiv ist zu sehen, daß sich z. B. die Vorstellung vom Großvater und von der Großmutter in den letzten Jahren stark verjüngt hat. Zugleich aber macht sich in unserer Leistungsgesellschaft eine Abwertung des Reif- und Altseins bemerkbar. Das entspricht einer einseitigen Überbewertung der Berufsleistung, vor allem der Akkordleistung, bei der die Leistungssteigerung als »Schraube ohne Ende« aufgefaßt wird. In der Tat ist der Mensch mit 20 bis 25 Jahren für bestimmte berufliche Höchstleistungen, die schnelles Reaktionsvermögen und Gewandtheit ebenso verlangen wie hohe physische und intellektuelle Belastungsfähigkeit, eher disponiert als der 45- oder 50-jährige Mensch. Den Menschen allein nach der beruflichen Akkordleistung zu beurteilen, ist einseitig und ungerecht. Die anthropologische Vollkommenheitsvorstellung ist durch eine einseitige Meinungsbildung ganz auf Pointierung und Jugendlichkeit eingestellt; Idealbilder von Mann und Frau – zumal im optischen Bereich – stellen fast exklusiv Mann und Frau um die 20 dar, sofern nicht die Märkte der Alten erschlossen werden sollen. Dann ist es nur logisch, daß der Mensch in den späteren Lebensjahrzehnten als Degenerationsprodukt, als Ärgernis betrachtet wird.

Mit der Überbewertung des Jungseins geht die Forderung einher, daß junge Menschen ihr Leben selbst bestimmen, ihre Zukunft ohne Zutun von Erwachsenen programmieren sollen. Schon die Dreißigjährigen werden als »alt« etikettiert, und ihnen wird die Kompetenz abgesprochen, normierend auf jugendliches Verhalten einzugreifen.

Nicht wenige Erwachsene, auch im fünften Lebensjahrzehnt, haben sich dem publizistischen Idol von Jugendlichkeit angepaßt und wenden diverse Mittel an, um ihr wahres Alter zu vertuschen und Jugendlichkeit vorzuschützen. Wir haben es hierbei mit einer »anthropologischen Mimikry« (K. Pfaff) zu tun wie beim Versuch von Pubeszenten, möglichst erwachsen zu scheinen. Diese begeben sich in die Mimikry, um ihr Defizit an Reife und Selbständigkeit zu kompensieren, jene, um in Beruf und Gesellschaft nicht abqualifiziert zu werden. Viel wichtiger als das »Altenproblem« unserer Leistungsgesellschaft ist das Problem der beginnenden Alterung (etwa ab Anfang der Vierziger) und der dadurch aufkommenden Defizienzerfahrungen in den verschiedensten gesellschaftlichen Bereichen.

Wenn schon die Massenmedien nicht das Ihre tun, um dem wechselläufigen Prozeß der Abwertung des Erwachsenseins und der Überbewertung der Jugend entgegenzuwirken, sollte sich hier die Seelsorge kräftig einschalten, um das Wertbewußtsein vieler Menschen, die in die Abwertung einbezogen werden, neu zu stärken. Dies freilich ist nicht möglich, indem man mit berufsbezogenen Argumenten operiert, sondern nur dadurch, daß man den Mut hat, wahrhaft humane Werte attraktiv zu machen, vor allem Werte, die für menschliches Erwachsensein typisch sind.

3.4 *»Jugendkrise« unserer Gesellschaft?*

Zweifellos das auch in theologischer und pastoraler Hinsicht erregendste Krisenphänomen, das wir seit fast zehn Jahren erleben, ist mit zahlreichen Namen bezeichnet worden: »Jugendrevolte«, »Rebellische Jugend«, »Konfliktgeneration«, »Emanzipation der Jugend« und anders. Es geht hier offenbar um mehr als darum, daß die Erwachsenen mit der Jugend »nicht mehr fertig werden«, d. h. nach alter Terminologie: sie nicht mehr zu »bändigen«, zu domestizieren, den bestehenden gesellschaftlichen Verhältnissen anzupassen wissen. Diese »Jugendkrise« ist so sehr zu einem selbständigen Phänomen stilisiert worden, daß Ursache und Wirkung außer Sicht zu geraten drohen. Deshalb ist zu betonen: Jede Jugendgeneration ist weitgehend das Produkt der Erziehung und des Verhaltens der Eltern- und Erziehergeneration. Wenn der »rebellischen Jugend« Schuld anzutragen ist, wendet diese sich wieder auf die Erwachsenen zurück. Das gilt auch in pastoraler Hinsicht: Wenn im Gefolge der »Jugendrevolte« z. B. der Trend nach militanter Distanzierung von der Kirche zugenommen hat, so stellt sich bei näherem Fragen bald eine Art Bumerang-Effekt ein: Offenbar ist es den Erwachsenen durch religiöse Erziehung und Unterweisung nicht gelungen, das Aufkommen einer militanten Ablehnung der Kirche zu verhindern.
Der *Kern* der »Jugendrevolte« und damit auch ihrer krisenhaften Funktion in der derzeitigen Gesellschaft ist die grundsätzliche Ablehnung der bestehenden Ordnungen und ihrer Normen. Das impliziert auch eine Ablehnung von Christentum und Kirche, wie sie in solcher Radikali-

tät seit den Tagen des Nationalsozialismus in unserem Lande ungeläufig ist; ja, sie übertrifft die Forderung nach der »neuen Gesellschaft« in der NS-Zeit insofern, als jede andere als eine total veränderte, meist marxistisch motivierte Gesellschaft für unmöglich gehalten wird.
Sah es zu Beginn der holländischen Provo-Bewegung (zu Anfang der sechziger Jahre) noch so aus, als wollten junge Rebellen die bestehende Gesellschaft an manchen Stellen bessern und erneuern (etwa im Umweltschutz oder in der kindgemäßeren, menschlicheren Umgestaltung industrieller Großstädte oder in der Sorge um mehr Freizeitstätten)[25], so trug die studentische Rebellion in Deutschland ab 1965 viel radikalere, grundsätzliche Einwände gegen die Berechtigung des »kapitalistischen« Leistungs- und Herrschaftssystems vor. Jegliche Hierarchie wurde abgelehnt und wahre Gerechtigkeit in einem neu zu schaffenden, »klassenlosen« Gesellschaftssystem gesucht, dessen Glück allein durch gerechte Eigentums- und Produktionsmittelverteilung herbeigeführt werden sollte.[26]
Abbau aller Hierarchien: das hätte auch für die Kirchen ein Warnsignal sein sollen; leider wurde es bisher von der »Amtskirche« nicht als solches, sondern als rein außerkirchliches Phänomen aufgefaßt. »Das Unbehagen in der jungen Generation«[27] reicht an die Wurzeln menschlicher Existenz, es ist ein Unbehagen an den tradierten Formen, dem Dasein einen menschenwürdigen Sinn zu geben. Dieses Unbehagen artikuliert die furchtbare Abwesenheit Gottes und des Glaubens in wichtigen, weil führungswirksamen Teilen der Jugend. Die Kritiker waren sich nicht recht einig, ob sie die jungen Rebellen als »Elite der De-

---

[25] Siehe hierzu D. van Weerlee, War de Provos willen, Amsterdam 1966.

[26] Deshalb strebten die jungen Rebellen, meist Studenten, auch eine Solidarisierung mit der »lohnabhängigen« Arbeiterschaft an, ein Versuch, der allerdings in Deutschland wie auch in Frankreich mißlang. Vgl. hierzu Sauvageot/Geismar/Cohn-Bendit, Aufstand in Paris, Reinbek 1968; Bergmann/Dutschke/Lefèvre/Rabehl, Rebellion der Studenten oder Die neue Opposition, Reinbek 1968.

[27] Titel einer Schrift von Bernd Motschmann, Hamburg 1969.

mokratie oder Vorhut eines linken Faschismus«[28] verstehen sollten. So wie die Kirchen, wurden andere Einrichtungen des »Establishment« von der »Jugendkrise« völlig überrascht, und ihre Reaktionen oszillierten zwischen gönnerhaftem Zustimmen auf der einen und radikaler Gehorsamsforderung auf der anderen Seite.[29] Kirchliche Stimmen der Stellungnahme kamen reichlich spät, vielleicht aus einer gewissen Ratlosigkeit, auf jeden Fall aus Überdistanz zu den Lebensproblemen der rebellisch gewordenen Jugendlichen. Daß die Kirche aus theologischen und pastoralen Gründen für die »Jugendkrise« Mitverantwortung tragen muß, ist – wohl erstmalig – in einer Denkschrift der Jugendkammer der Evangelischen Kirche in Deutschland bekundet worden, die den tiefsten Grund für die Jugendrebellion im Fehlen der wirklichen Kommunikationsgemeinschaft der Generationen sieht. Darin deutet die Denkschrift[30] freilich zugleich auch den Ausweg aus der Krise an: eben in der Schaffung einer solchen Kommunikationsgemeinschaft, die freilich nur entstehen kann, wenn die Erwachsenen es auf sich nehmen, die tragenden Grundsätze des Lebens von der Jugend radikal in Frage stellen zu lassen. Damit sind auch die Gebote und Verheißungen des christlichen Glaubens und Lebens gemeint. Den überzeugten Christen mag es schockieren, absolute Wahrheit sozusagen experimentell in Frage zu stellen; für die rebellische Jugend ist das aber nicht Sache eines interessanten Experiments, sondern einer tiefen Erschütterung: Der Glaube erweist sich dieser kritischen Jugend nicht mehr als genügend glaubwürdig oder gar als eine Lüge. Zahllose Prozesse der Überzeugung müssen in der Verkündigung versäumt oder verfehlt worden sein, ehe eine solche Negativhaltung zustande kommen konnte. Die meisten jungen Rebellen haben eine reguläre christliche Erziehung genossen; Rudi Dutschke, Prototyp der jungen Rebellen, kommt aus der evangelischen Jugendarbeit.

---

[28] Untertitel des Buches von H. J. Schoeps und Chr. Dannemann, Die rebellischen Studenten, München ²1969.

[29] Vgl. die von G. J. Winkler herausgegebene Dokumentation: Das Establishment antwortet der Apo, Opladen 1966.

[30] Konflikte im Erziehungsfeld, Gütersloh o. J. (1972).

Die Infragestellung bzw. Ablehnung von Glauben ist für die kritische Jugend nur Teilvorgang einer Negation, die weiterreicht, für manche Kritiker bis zur Anarchie, bis zum »schöpferischen Nullpunkt«. Die tragenden Werte der überkommenen christlichen Gesellschaftsordnung – Autorität und Leistung, Gehorsam und Frömmigkeit, Selbstbeherrschung und Askese, Ordnung und Herrschaft – werden zugunsten einer völligen Emanzipation der Jugend preisgegeben.[31] Emanzipation der Jugend heißt auch, den Erwachsenen jegliches letztgültiges Bestimmungsrecht über ihre Kinder abzusprechen.

Wie Recht, Sittlichkeit, Politik und Erziehung, bekommt auch Religion von der rebellischen Jugend keinen anderen sozialen Stellenwert zugewiesen als den, ein ungerechtes Herrschaftssystem abzustützen und dadurch der Jugend die Lebenschancen zu rauben. In einer dezidiert »antiautoritären« Einstellung wird gefragt: »Kindererziehung: Verlorene Jahre?«[32]

»Antiautoritäre Erziehung« heißt in mancher Hinsicht: »Nichterziehung«, reines Wachsenlassen der jugendlichen Natur – ohne vorgegebene Normen und Verbindlichkeiten.

Zur Provokation für christliche Lebensauffassungen wird die antiautoritäre Erziehung nicht so sehr in der religiösen Erziehung (weil es diese für die Verfechter »antiautoritärer« Erziehung nicht mehr geben kann und soll), sondern im kindlich-jugendlichen Sexualverhalten: Daß Kinder schon von früher Entwicklung an jegliche sexuelle Triebregung voll auskosten, daß Eltern empfohlen wird, ihren in der Pubertät stehenden Kindern jegliche »Übungsmöglichkeit« zur Liebeserfahrung zu geben, daß die kirchliche Sexualmoral für total veraltet erklärt und durch Libertinage ersetzt wird, verdeutlicht im kirchlichen und pastoralen Bewußtsein, wie tief die Jugendrebellion die

---

[31] Vgl. hierzu Helmut Heiland, Emanzipation und Autorität, Bad Heilbrunn 1971.

[32] Titel eines Leitartikels aus: Der Spiegel, 26. 10. 1970. – Noch deutlicher als bei A. S. Neill, den diese antimetaphysisch-agnostische Richtung der Pädagogik stark bemüht, kommt diese Auffassung in dem Buch von Grigat und Kemmler zur Geltung: Autoritäre oder antiautoritäre Erziehung, München o. J.

als christlich geltenden Fundamente der Anthropologie angreift.
Darüber zu lamentieren, hilft pastoral nicht weiter. Dringlich ist zunächst die Herstellung eines völlig neuen Kontaktes zu einer Jugend, die die Orientierung zu verlieren droht. Ihre Flucht in neue Subkulturen, ihr Hang zur neuen Weltentrückung mit Hilfe von Opiaten und anderes mehr darf man als ein Zeichen dafür interpretieren, daß »letzte« Werte sowie metaphysische Grundhaltungen gesucht werden. Eine tiefe Enttäuschung über die Weltlichkeit dieser Welt liegt bei allem Materialismus in der Verneinung des Bestehenden, zu der sich viele junge Menschen entschlossen haben. Jetzt sind jene Ratgeber gefragt, die befriedigendere Hilfen zu bieten haben als die Dealer und die politischen Propheten. Die Situation der kritischen Jugend schreit förmlich nach Glaubenshilfe, nach Errettung aus den Zonen der Hoffnungslosigkeit.
Das gilt auch für jene Jugendliche, die im Neomarxismus eine Art Weltevangelium gefunden zu haben glauben, aber immer wieder in Zweifel kommen, wenn sie die Realitäten der marxistisch regierten Länder erfahren. Es überzeugt sie schon fast nicht mehr, wenn immer wieder das zu einfache Erklärungsschema angewandt wird, der »Kapitalismus« und die »falschen Herrschaftsverhältnisse« seien an allem Übel schuld.[33]
Für christliche Pastoral, vor allem für christliche Erziehung, ist folgender Aspekt der »Jugendrevolte« besonders aufschlußreich: Während christliche Kirchen seit Jahren den Anspruch auf Konfessionalität in Erziehung und Bildung beschränken (zumindest im öffentlichen Bereich), postuliert die »neue Linke« der jungen Pädagogen, die selbst aus der »kritischen Generation« hervorgegangen sind, eine betont neomarxistische »Konfessionspädagogik«. Ihr Motiv ist eine rasante Überzeugtheit von der Richtigkeit der eigenen Theorie. Nun könnte es nahe liegen, den Rückzug der Kirchen aus der öffentlichen Erziehung zu stoppen und das Konfessionalitätsprinzip zu rehabilitieren

[33] Vgl. hierzu J. Beck, Erziehung in der Klassengesellschaft, München o. J. (1972); F. Huisken, Zur Kritik bürgerlicher Didaktik und Bildungsökonomie, München o. J. (1972).

(»weil die anderen es ja auch anwenden«). Das wäre zu naiv, als daß es überzeugen würde. Aber eines sollte doch die Lehre für die Pastoral sein: den christlichen Glauben überzeugender, werbekräftiger, ja »missionarischer« an die Jugend heranzutragen, wo immer sie erreichbar ist. Schon bahnt sich in der Jugend ein vor Jahren nicht zu vermutendes, neues Verständnis für »letzte Werte«, für neue Fixpunkte der Lebensorientierung und damit vielleicht Ansatzpunkte für die christliche Heilsbotschaft an. Die Erfahrungen vieler junger Rebellen mit der Autoritätsverneinung sind nicht die besten; die neomarxistischen Gruppen der »neuen Linken« distanzieren sich laut von der »antiautoritären« Erziehung, obgleich doch auch diese sich als neomarxistisch einstellte. Schon wird nach dem »Ende der antiautoritären Erziehung« gefragt[34], zugleich auch nach »neuer Autorität«[35]. Und es deutet sich an, daß »Autorität« als Urheberschaft des mündigen Menschen etwas Kreatives, Dynamisches ist, nicht aber etwas Starres, das auf Herrschaft und »blinden Gehorsam« gründet. Nicht nur für die Eltern-Kind-Relation, auch für die Schöpfer-Geschöpf-Relation bahnt sich neue Einsicht an. Die Negation scheint heuristisch gewirkt zu haben. Sie hat zumindest für die Pastoralpraxis den Vorteil erbracht, daß diese sich stärker als früher um Überzeugung bemüht, in einer »anthropolitischen Kehre« stärker ihres Adressaten inne wird, seine Existenzsituation ernster nimmt und damit rechnet, daß Glauben in der modernen Welt immer »schwierig« ist.

Im Umgang mit der Jugend kann und darf die Pastoral nicht mehr von der falschen Prämisse ausgehen, es bei allen Getauften auch mit Glaubenden zu tun zu haben. Verkündigung und helfender Dienst wären ein simples Geschäft, wenn sie nur denen zuteil würden, die innerhalb der Hürde leben, nicht auch den Zweiflern und Verneinern, den »outcasts of society«, den von der Leistungsgesellschaft »Ausgeflippten«. Die Grenzen menschlicher Existenz werden

---

[34] F. H. Pfaffrath, Das Ende der antiautoritären Erziehung?, Bad Heilbrunn 1972.

[35] H. F. Joos / F. Pöggeler, Moderne Jugend und neue Autorität, Freiburg 1965.

heute mehr als früher bereits im Leben *junger* Menschen sichtbar.

Mit der Verkündigung von »Law and Order« kann die Verkündigung an die Jugend nicht ihren Dienst erfüllen. Sie hat neue Menschlichkeit, neue Liebe, neuen Frieden zu verkünden. (Es verlohnt einiges pastoraltheologisches Nachdenken darüber, daß »Peace« und »Love« für die kritische Jugend heute voneinander abhängen: Frieden machen heißt, andere Menschen zu lieben. Wer liebt, tötet nicht. Das mögen primitive Formeln der rebellischen Jugend sein, aber es sind auch Formeln für tiefe existentielle Erfahrungen, die in einer früheren Jugendpastoral noch kein Problem waren.)

Es gibt nun manchen wichtigen Vorschlag dafür, wie Kommunikation zwischen den erwachsenen und den jungen Menschen neu hergestellt werden kann. Ein Vorschlag lautet: Die kritische Jugend muß Verantwortung aufgetragen bekommen, und zwar zu früheren Zeitpunkten und in größerem Ausmaß, als es bisher üblich war. So ist zur Überwindung der Lehrer-Schüler-Konflikte und zu neuem Schulverständnis der Jugend vorgeschlagen worden, vom 14. Lebensjahr an jeden Schüler einen förmlichen »Schulvertrag« abschließen zu lassen, durch den er sich an die Regeln und Ordnungen der Schule frei bindet und durch den er »Schulmündigkeit« erlangt.[36] Analog hierzu sind neue Formen der Glaubensmündigkeit in der Kirche zu entwickeln, und zwar so, daß von wirklicher Mitverantwortung die Rede sein kann.

---

[36] J. Flügge / H. Quaritsch, Schulmündigkeit und Schulvertrag, Bad Heilbrunn 1972.

4. WERTE DER LEBENSPHASEN – LEBEN ALS GESTALTUNGSAUFGABE

Wir nähern uns damit einem Problem, das der Seelsorge im Hinblick auf den Gang des menschlichen Lebens ganz neue Perspektiven geben kann: Leben ist nur dann human, wenn es nicht als automatischer, kausaler und determinierter Ablauf vollzogen wird, sondern wenn man es in seiner Aufgabenhaftigkeit wahrnimmt, wenn es zum bewußten Entwurf wird.

Es ist ein Zeichen wahrer Menschlichkeit, daß sich der Mensch, zumal wenn er erwachsen ist, eindeutig zu seinem jeweiligen Lebensalter bekennt und sich nicht nach anderen Phasen zurück- oder vorsehnt.

So wie es in jeder Lebensphase phasentypische Interessen und Vorlieben gibt, gibt es auch in den einzelnen Lebensdimensionen spezifische Chancen zur Verwirklichung bestimmter *Werte*.

Freilich handelt es sich hier um Akzentuierungen. Wenn z. B. unterstellt wird, die Freiheit des personalen Selbstandes sei ein Wert, der sich besonders dem mündigen Erwachsenen erschließe, so kann das nicht bedeuten, daß nicht auch schon Kind und Jugendlicher an menschlicher Freiheit partizipieren könnten. Aber die besondere Zugewandtheit zu bestimmten Chancen der Wertverwirklichung ist ein Faktum, das es pastoral zu nutzen gilt. Dafür ein plausibles Beispiel: Für das Kind, zumal in der frühen Kindheit, ist das Spiel wichtigstes Element seines Denkens, Tuns und Erlebens; das Leben des Kindes im Glauben, ja auch der Kontakt zu Gott sollte für das Kind dementsprechend primär im Spiel erreicht werden. Eine Kinderliturgie als Spielliturgie ist erst in Rudimenten riskiert worden. Weshalb eigentlich? Hält man das Spiel für unernst? Ist man sich zugleich der Hochschätzung des Spiels als Liturgie im AT bewußt? Mit Kindern kann man religiöse Einsichten, sei es auch in Form der katechetischen

Unterweisung, nicht »erarbeiten«; mit Jugendlichen kann man es, weil für sie Arbeit eine neugewonnene Dimension der Betätigung ist.[37]

Die Abschnitte des menschlichen Lebens sind nicht bloß Phasen der *Entwicklung*, sondern werden erst dann wahrhaft anthropologisch interpretiert, wenn man sie zugleich auch als *Bildungs*phasen versteht, d. h. als Phasen, in denen der Mensch die Chancen erkennt und nutzt, die sich gerade jetzt und zu keiner anderen Zeit bieten. Man denke etwa an bestimmte Fähigkeiten junger Menschen, sich für etwas zu begeistern oder zu engagieren, Gut und Böse, Recht und Unrecht zu unterscheiden; diese Begeisterungsfähigkeit ist unwiederholbar. Das hat auch Folgen für die religiöse Begeisterung, für eine übernationale Werterweckung.

Was mitunter als Zeichen von Krise gilt, kann – setzt man es bewußtseinsmäßig um – auch eine Werterhaltung begründen; man denke z. B. an das starke Kritikbedürfnis von Pubeszenten; der Kern des Willens zur Kritik ist doch, Wert und Unwert, Echtes und Unechtes, Sein und Schein zu unterscheiden; das könnte – pastoral und katechetisch geschickt genutzt – zur Schärfung und Stärkung des Werterlebens führen, wie man sie sich günstiger kaum vorstellen kann.

Den Tendenzen nach Wertminderung des Erwachsenseins könnte gerade eine neue Art von Seelsorge dadurch begegnen, daß sie *spezifische Eigenwerte des Erwachsenseins* spruchreif und attraktiv macht: Reife, Mündigkeit, Freiheit, Erfahrung und Geformtheit des Menschseins. Niemand wird behaupten wollen, diese Werte seien auch schon dem Jugendlichen voll zugänglich. Daß es sie gibt, reizt ihn ja, möglichst erwachsen zu werden.

Es ist eine Frage der Zweckmäßigkeit, ob und wie man den Katalog der Werte erweitert. Etwa Sachlichkeit als das »Einstehen für eine Sache« könnte manchem Pastoralpraktiker oder Bildungsexperten mindestens ebenso wichtig erscheinen wie z. B. Freiheit; oder man könnte even-

---

[37] Zur Hoch-Zeit von Adaptat in der Arbeitsschulpädagogik durch Katechetik und Religionspädagogik (vor allem zwischen 1918 und 1933) ist »Arbeit« oft mit »Aktivität« verwechselt worden. Spiel ist durchaus Aktivität, aber nicht Arbeit.

tuell meinen, mit »Mündigkeit« seien auch »Sachlichkeit« und »Freiheit« bereits gegeben. Sowohl in der Pastoral als auch in der lebenslangen Weiterbildung hält es heute schwer, neben denjenigen Werten, die stärker die Einzelpersönlichkeit interessieren und betreffen, auch die sozialen Werte angemessen zur Geltung zu bringen. Es ist eine grundsätzliche Frage, wie sich die Erwachsenenpastoral nicht weniger als die Kinder- und Jugendpastoral gleichermaßen als Individual- *und* als Sozialpastoral auswirken kann.

Ein für die Seelsorge sehr folgenreiches Faktum der menschlichen Entwicklung ist das *»Verblassen« bzw. »Abschleifen« von Ziel- und Wertvorstellungen* mit zunehmendem Alter. In der Jugendzeit dagegen pflegt der Mensch die Werte in ihrer Unbedingtheit, in ihrem Aufforderungscharakter und in ihrer ganzen »Reinheit« wahrzunehmen. Das gilt auch für die »Unbedingtheit« des religiösen Glauben und Handelns. Die individuelle, oft recht subjektive und private »Beugung« vorgegebener religiöser, ethischer und gesellschaftlicher Normen ist zugleich auch ein Prozeß der Ernüchterung, der oft so weit gehen kann, daß die Sensorien für überempirische Faktoren nicht mehr funktionieren. Man könnte diesen Sachverhalt auch so deuten: Der erwachsene Mensch hat es schwerer, die meta-physische Wirklichkeit wahrzunehmen und zu glauben. Vielleicht haben harte Lebensenttäuschungen die Leuchtkraft gerade jener Werte gemindert, die die religiöse Erziehung in Kindheit und Jugend zu vermitteln versuchte. Jetzt müßte eigentlich religiöses Leben völlig neu fundiert werden, statt infantile und juvenile Hilfsvorstellungen des Glaubens dürftig zu reparieren.

Nicht der Hinweis auf eine vorgegebene Pflicht kann dem Erwachsenen mündiges Leben durch den Glauben reicher, kräftiger und vitaler werden lassen. Dem Erwachsenen ist zu zeigen, wie gerade die Kernprobleme seiner Existenz religiös motiviert sind und religiös gelöst werden können.

Auch eine neue Theologie der *Gemeinde* kann nicht zum Rechtstitel für die Beibehaltung einer allzu pauschalen Seelsorge »für alle« werden, statt deren eine spezifisch erwachsenengemäße Seelsorge initiiert werden müßte.

5. SPEZIFISCHE ODER PAUSCHALE SEELSORGE?

Bisher hat die Seelsorge mehrere Formen gegenüber dem menschlichen Lebensalter praktiziert: Einerseits hat sie sich *»an alle«* gewandt, anderseits an bestimmte Gruppen. Die altersspezifische Seelsorge ist bisher im größeren Rahmen der *Gruppen*seelsorge (früher: »Standesseelsorge«) eingeordnet worden. Beim Unterschied zwischen Kinder- und Jugend-, Erwachsenen- und Alten-Seelsorge ist kein wesentlicher Unterschied etwa zur Männer- und Frauen-, zur Arbeiter- oder Akademiker-Seelsorge, zur Seelsorge für Alleinstehende oder Verheiratete gemacht worden. Für die Zukunft ist zu fordern, daß zwischen soziologischen und psychologisch-medizinischen Gruppierungsansätzen unterschieden wird.
Auch in Zukunft wird es die beiden Formen geben müssen, aber in veränderter Motivation.
Die Seelsorge *»für alle«*, die man auch pauschale Seelsorge nennen könnte, setzt ein Gesamtbewußtsein von Gemeinde und Kirche voraus. Dieses hat sich besonders in jenen Formen der Seelsorge zu artikulieren, in denen die Gemeinde als kompakte Gruppe in Erscheinung und in Aktion tritt. Sinnvoll kann das aber nur sein, wenn der Seelsorger sich der psychologischen Dynamik dieses Altersgruppengefüges bewußt ist: Jede Generation hat ihre eigene Mentalität, ihre Sprache und Erlebnisweise, ihr spezifisches Verhältnis zur Kirche; etwa bei der Predigt oder im Glaubensgespräch muß die Tatsache reflektiert werden, daß der jeweils fungierende Seelsorger auch Angehöriger einer Altersphase bzw. einer Generation ist; er hat sich zu bemühen, daß der Inhalt der Verkündigung, so wie er ihn mit seinen generations- und phasenbedingten Sprachmitteln ausdrückt, auch in die Denkweisen der anderen anwesenden Altersgruppen »übersetzt« wird. Eine naive, unreflektierte Befangenheit in der Sprech- und Denkweise der eigenen Phase bzw.

Generation würde den Effekt der Seelsorge mindern und unnötige Verständnisschwierigkeiten erzeugen.
Die Möglichkeiten der pauschalen Seelsorge sollte man eher enger als weiter einschätzen. Mehr und mehr sollten die phasen- und generationstypischen Formen den Vorrang erhalten. Das gilt vor allem in bezug auf die Modi der Glaubensverkündigung und -unterweisung, weniger in bezug auf den Vollzug der Liturgie, wiewohl auch hier alterstypische Formen stärker als bisher zur Geltung gebracht werden können.